BRANDENBURG

Wir standen auf einer Art Quai, die hohen Stämme des Waldes zu Häupten, eine weite Wasserfläche tief unter uns. Drüben wieder Wald, auch links und rechts, von überall her Halbinseln in den See hineinstreckend. Wasser, Himmel, Stille. Das Ganze von jener eigentümlichen Wirkung auf unser Gemüt, als befänden wir uns einem Stummen gegenüber, den es zu sprechen drängt; aber die ungelöste Zunge versagt den Dienst. Wir raten dies und das aus seinen Zügen; umsonst, was er sagen will, bleibt ungesagt.

Wir setzten uns an den Rand des Vorsprungs und horchten auf die Stille. Sie blieb, wie sie war. Kein Boot, kein Vogel, auch kein Gewölk. Nur Grün und Blau und Sonne.

Theodor Fontane über den Stechlin, 1897

BRANDENBURG

Fotografie Hauke Dressler
Text Günter de Bruyn
Kristian Pech · Klaus Wendler

Bucher

Inhalt

Seite 1: Storchennest im Unterspreewald.
Seite 2/3: Oderin im Baruther Urstromtal.
Links: Hauptspree bei Burg-Kolonie.

«Den Wald zu Häupten, den See zu Füßen, so träumst du hier, bis die wachsende Stille dich erschreckt ... der See liegt glatt und sonnenbeschienen vor dir ... wer will sagen, wenn er die Ruppiner Schweiz durchwandert, wo ihr Zauber am mächtigsten wirkt?» (Theodor Fontane, Wanderungen durch die Mark Brandenburg, 1864).

Vorhergehende Doppelseite: Schloß Sanssouci, was soviel bedeutet wie Schloß Sorgenfrei, ließ sich Friedrich der Große als Sommerresidenz bei Potsdam errichten. Der figürliche Fassadenschmuck des Schlosses ist äußerst verspielt: Nymphen, Faune und Silene – das ausgelassene Gefolge des Weingottes Bacchus – treten plastisch aus den Wandpfeilern hervor und scheinen das Gebälk auf ihren Schultern zu tragen.

Günter de Bruyn

Wälder, Seen, Sand und Sümpfe

Nachrichten aus Beeskow-Storkow

Provinzielle Gemächlichkeit

Germanische Semnonen, slawische Lusiki, deutsche Kolonisatoren, preußische Beamte und sächsische Parteifunktionäre kamen nacheinander in diese Gegend, aber ein Ereignis, das die Geschichtsbücher hätten verzeichnen können, kam nie. Den Wettinern und der Böhmischen Krone, die hier im Mittelalter die Lehnshoheit hatten, waren die beiden Herrschaften so uninteressant wie später den brandenburgischen Kurfürsten und preußischen Königen; und nur einer von ihnen, der Soldatenkönig, besuchte sie dreimal, erst zur Jagd und dann, um in Abgeschiedenheit seine Gicht auszusitzen, wobei er sich die Zeit mit dem Malen von Bildern vertrieb.

Während von den Germanen, die sich in die lieblicheren Gefilde des deutschen Südwestens absetzten, nur Speerspitzen und Urnengräber zurückblieben, sind die seßhaften Slawen, die sich an vielen Orten noch bis ins 18. Jahrhundert hinein ihrer Sprache bedienten, bis heute durch Orts- und Familiennamen präsent. In den zwei Städtchen (deren End-W, das sei für Süddeutsche gesagt, stumm bleibt) zeugen noch Reste der Burgen, in vielen Dörfern unverwüstliche Feldsteinkirchen von den ersten deutschen Siedlern, Mönchen und Rittern, und von den Preußen blieben Kasernen, Straßen, bizarr gewachsene Maulbeerbäume und die Vorliebe für Kartoffeln zurück.

Reich war man hier immer an Wäldern, Seen, Sandflächen und Sümpfen, arm an Kulturgütern, Fabriken und fruchtbaren Äckern, und da auch berühmte Persönlichkeiten nur dünn gesät waren, nimmt man vorlieb mit dem durch Heinrich von Kleist (als Michael Kohlhaas) bekannten Terroristen Hans Kohlhase, dem Storkow zeitweilig als Schlupfwinkel diente, mit Tschech, einem Storkower Bürgermeister, der umgebracht wurde, weil er den König hatte umbringen wollen, mit Ludwig Leichhardt, einem Australienforscher, und mit einem Beeskower Stadtkämmerer französischer Herkunft, der leider nicht Theodor Fontanes Großvater war, sondern der seiner Frau. Um die guten und schlechten Seiten der Beeskower zu charakterisieren, schrieb ihr der Gatte einmal in ungnädiger Laune, sie sei halb aus Toulouse und zur anderen Hälfte aus Beeskow, und er meinte mit letzterem: Spießbürgerlich, kleinstädtisch, provinziell.

Als Fontane 1860 hier reiste und auf den Äckern der Sandplateaus die Halme zählen zu können meinte, bezeichnete er die Gegend als uninteressant und öde; zwanzig Jahre später jedoch, als er ihre Wälder und einsamen Seen entdeckte, nannte er sie ein romantisches Land. Diese Gegensätze lassen sich heute noch nachfühlen, ihre Ausprägungen sind aber schwächer geworden; neuzeitlicher Ackerbau hat die Felder fruchtbarer werden lassen, und die Wälder und Seen sind entweder (weil sich deutsches oder sowjetisches Militär dort eingezäunt hat) unzugänglich oder von Mai bis September mit motorisierten Urlaubern belebt. Dann beherrscht bunte Freizeitkleidung die Dörfer und Kleinstädte; die Imbißstuben, Eiscafés und Speisegaststätten, die nach der Währungsumstellung im Sommer 1990 überall aus dem Boden schossen, können sich über den Mangel an Kunden kaum noch beklagen, und in dem Gewirr der fröhlichen Stimmen herrschen sächsische Laute vor. Denn seit dem Anwachsen der Motorisierung sind es nicht nur die nahen Berliner, die im Sommer die Ruhe der mit Bahn oder Bus schlecht erreichbaren Dörfer stören, auch die Urlauber aus den sächsischen Industriegebieten drängen hierher. Will man die

Heuernte bei Jüterbog, einem der Hauptorte im Niederen Fläming. Rechts im Bild die mittelalterliche Pfarrkirche St. Nikolai.

Provinz pur erleben, muß man in der kalten Jahreszeit kommen, wenn die Verkäuferinnen in Markgrafpieske, Wendisch-Rietz oder Sauen (es gibt auch feinere Namen, wie Philadelphia oder Neu-Boston) sich langweilen und deshalb zum Plaudern aufgelegt sind. In einem Berlinisch mit etwas ländlichem Einschlag (das brandenburgische Platt, das früher hier gesprochen wurde, ist in der ersten Hälfte dieses Jahrhunderts ausgestorben) wird man von einem Leben erfahren, an dem für den hektikgewohnten Großstädter vor allem die Ruhe, das Gefühl, Zeit zu haben, besticht.

Kommt man gar aus einem der alten Bundesländer, hat die Autobahn Berlin – Frankfurt/Oder südwärts verlassen, ist in den Dörfern durch Schlaglöcher und über Kopfsteinpflaster, auf engen Chausseen unter prächtigen alten Linden und Eichen gefahren, stellt sich die Vorstellung ein, in ein Vergangenheitsidyll zu geraten – das aber täuscht. Die Zeit ist hier nicht stehengeblieben, sie ist in eine andere Richtung gegangen, die sich äußerlich nicht so deutlich markiert. Wer sagt, hier sähe es aus wie vor fünfzig Jahren, nimmt Details für das Ganze, was bei Autofahrern besonders verständlich ist. Denn die holprige, relativ leere Autobahn von Berlin nach Osten ist noch immer die unter Hitler aus Betonplatten gebaute, und neue Straßen werden bisher noch so gut wie gar nicht angelegt. Die schattenspendenden Straßenbäume haben ihr Überleben nicht einer Umweltbewußtheit, sondern der Armut und dem geringen Verkehr zu verdanken. Geld und Material reichten nur, um die bis zur Jahrhundertmitte meist noch ungepflasterte Straßenhälfte (den sogenannten Sommerweg) oberflächlich zu asphaltieren. Jeder Frost reißt hier Löcher und zwingt Autofahrern die Gemächlichkeit des hiesigen Lebensstils auf.

Aber auch bei Eisenbahnreisenden kann sich leicht das Gefühl entwickeln, eine Fahrt in die Vergangenheit anzutreten; denn wenn auch Dieselmaschinen die kohlegetriebenen Lokomotiven inzwischen ersetzen, hat sich auf den meist aus rotem Backstein gebauten Bahnhöfen und auf den eingleisigen Strecken, die Beeskow mit den Berliner Vororten Königs Wusterhausen und Fürstenwalde, mit Frankfurt an der Oder und

Ein Angler auf einem kleinen Fluß in der Nähe von Baruth, einer ländlichen Kleinstadt am Nordrand des Niederen Fläming.

Nächste Doppelseite: Der Werbellinsee, nordöstlich von Berlin, ist Ausflugsziel der Großstädter und bietet alle Reize der märkischen Landschaft am Rand der Schorfheide.

Landschaft bei Petershagen, nordwestlich von Frankfurt an der Oder. Das Heu wird hier noch in althergebrachter Art auf einem Wagen mit Pferdegespann eingeholt.

Ländliche Idylle: Das liebe Federvieh in Oderin, einem kleinen Ort im Baruther Urstromtal südöstlich von Potsdam.

dem nahen Spreewald verbinden, seit ihrer Erbauung um die Jahrhundertwende nicht viel getan. Selbst die Fahrpläne, so erzählen die alten Leute, sind über Jahrzehnte hinweg fast die gleichen geblieben.

An Sonn- und Feiertagen können auch die Städtchen den Eindruck von Vergangenheitskonservierung erwecken; doch ändert sich das an den Wochentagen, wenn Lastwagen, Trecker, Langholzfuhren aus den umliegenden Wäldern, Mopeds und Personenwagen die engen Straßen mit Lärm und Gestank erfüllen, sich die Frauen aus der Stadt und den Dörfern in den Geschäften drängen und der Marktplatz, der in DDR-Zeiten kaum noch eine Funktion hatte, wieder zum Handelsplatz wird. Der letzte Krieg hat in seinem Endstadium hier nicht so heftig gewütet wie einige Kilometer weiter östlich und nördlich, wo Frankfurt und Wriezen und viele Oderbruchdörfer zu Trümmerwüsten wurden; aber das Zentrum von Beeskow hatte es doch getroffen; noch heute steht die spätgotische Backsteinkirche, von der nur ein Seitenschiff notdürftig ausgebaut wurde, als aufgeräumte Ruine da. Sie steht etwas abseits vom Markt in einem verkehrslosen, vernachlässigten, von alten Linden beschatteten Winkel. Hier und am Spreeufer, an der Burg und der Stadtmauer kann man die Stille, die der Stadt eigentlich zukommt, immer noch spüren. Beeskow, immer die wohlhabendere der Schwesterstädte, hat trotz Verkehrslärm noch etwas Ehrwürdiges. Storkow hat nichts zu bieten als die Seen, die es umgeben, sonst zeigt es nur eine schon immer vorhandene Armut und fünfzig Jahre Verfall.

Steinige Äcker und stille Dörfer

Industrie gibt es in beiden Städtchen nur wenig. Spanplatten, Möbel, Holzwolle und Besenstiele werden aus dem Holz der ausgedehnten Wälder gefertigt. Eine Fabrik für Haus- und Arbeitsschuhe, die sich Dauerhaftigkeit versprechend «VEB Granit» nannte, mußte mit Einführung der Marktwirtschaft die bei ihr beschäftigten Vietnamesen entlas-

Burg Eisenhardt ist eine der wenigen erhaltenen mittelalterlichen Burgen in der Mark. Vom Bergfried aus öffnet sich ein weites Panorama über den Ort Belzig und die Landschaft des Hohen Fläming.

sen, die nun als Kleinhändler auf Märkten und an Bahnhöfen stehen. Da sie in Heimen wohnen, einen niedlichen Anblick bieten und freundliche Zurückhaltung üben, nimmt niemand an ihnen Anstoß, aber ein Nachbarschaftsverhältnis stellt sich nicht her. Gereizter ist die Stimmung gegenüber den lebhaften, selbstbewußt auftretenden Polen, die bei der Reichsbahn die Gleisbauarbeiten machen oder zum Handeln und Einkaufen über die Grenze kommen; die Oder ist von Beeskow nur etwa dreißig Kilometer entfernt.

Im Gegensatz zu dem Leben der Kleinstädter, die, wie auch vor hundert Jahren schon, zur täglichen Arbeit ihre Fabriken, Handwerksbetriebe, Geschäfte oder Büros aufsuchen, hat sich der Alltag der Dorfbewohner seit dreißig Jahren so entscheidend verändert, daß man sie Bauern zu nennen sich scheut. Seit den Zeiten der Kolonisierung vor acht- bis neunhundert Jahren bebauten sie eigenhändig die sandigen Äcker, aus denen durch die sich ständig verbessernde Pflugtechnik die Granitbrocken, die die Eiszeit hierher geschwemmt hatte, immer wieder an die Oberfläche gehoben wurden. Das Steineaufsammeln gehört bis heute zu den Feldarbeiten dazu. Aus den auf diese Weise reichlich anfallenden Steinen baute man im Mittelalter die Kirchen, später Hofmauern, Ställe und Wohnhäuser, bis in neuere Zeiten hinein.

Die Bauern, die ihre Abhängigkeit von Klöstern, adligen Gutsherren oder königlichen Domänen erst nach den Reformen des vorigen Jahrhunderts langsam verloren, bauten sich, als sie wohlhabender wurden (zum Teil unter betrügerischer Verwendung von Feuerversicherungsgeldern, siehe den in einem märkischen Dorf spielenden «Roten Hahn» von Gerhart Hauptmann), imposante Höfe mit Häusern, die wie kleine Schlösser von Gutsherren aussehen sollten, oft im verspäteten Stil der Schinkel-Schule, aus Backsteinen oder in Putztechnik, klassizistisch verziert.

Das vor allem durch sie geprägte Bild der brandenburgischen Dörfer hatte sich bis zum Zweiten Weltkrieg ziemlich unverändert erhalten, dann begann für das, was der Krieg übriggelassen hatte, der langsame, weniger durch Armut (in der Nachkriegszeit

Blick von der oberen Rampe des Schiffshebewerks Niederfinow – der zweitgrößten Anlage dieser Art in der Welt – auf den Oder-Havel-Kanal. Hier werden Schiffe zwischen den niedrigeren Odergewässern und dem Oder-Havel-Kanal herauf- und hinuntergehievt (siehe auch Seite 139).

hatten die Bauern Gelegenheit, reich zu werden) als durch die Landwirtschaftspolitik bewirkte Verfall. Die großen Höfe, von mehr als einhundert Hektar, wurden enteignet, teilweise aufgeteilt, teilweise verstaatlicht. Anfang der fünfziger Jahre führte eine repressive Politik zu einer ersten Fluchtwelle, die viele Mittelbauern nach Westen trieb. Die Kollektivierung begann und wurde mit Zwang 1960 beendet, doch ging dann die Entwicklung, die das über Jahrhunderte hin ziemlich gleich gebliebene bäuerliche Leben radikal ändern sollte, erst richtig los.

Anfangs wurden nur die Äcker zusammengelegt und so dem individuellen Zugriff entzogen, dann mußte auch das Vieh den Landwirtschaftlichen Produktionsgenossenschaften (LPG) übergeben und in Großställen gehalten werden, und schließlich wurden die Genossenschaften vieler Dörfer in einigen Zentren zu riesigen Betrieben zusammengezogen und der Ackerbau von der Viehhaltung völlig getrennt. Der sogenannte Genossenschaftsbauer war auf diese Weise zum Arbeiter geworden, der morgens (oder auch abends, denn in den Großställen und während der Erntezeit muß im Schichtsystem gearbeitet werden) in ein anderes Dorf, das möglicherweise viele Kilometer entfernt ist, zur Arbeit fuhr. Er arbeitete als Traktorist, Stallwärter oder Motorenschlosser, bekam einen Lohn, der ihn an den Gewinnen (falls welche gemacht wurden) in komplizierter Weise beteiligte, hatte Anspruch auf geregelte Arbeitszeit, Urlaub, Krankengeld und auch Altersversorgung; der Verlust seiner Selbständigkeit wurde ihm also mit sozialer Absicherung bezahlt. Von der Möglichkeit, in geringem Umfang selbst Vieh zu halten, machten nur Leute Gebrauch, die unter dem Brachliegen ihrer Privatinitiative litten; die Masse, der man nicht mehr anmerkte, daß früher in jedem Bauern ein Stück Unternehmertum steckte, hatte sich an die Zwangsproletarisierung, die ein bescheidenes Einkommen sicherte und jedes Risiko ausschloß, gewöhnt.

Die Beziehung zu den eigenen Äckern, Wiesen und Wäldern war ihnen dadurch völlig verlorengegangen, oft wußten die Kinder, auch wenn sie Trecker und Mähdrescher über

Zeitungspause am Eingangstor zu Schloß Rheinsberg, das vor allem durch Kurt Tucholskys Erzählung «Rheinsberg. Ein Bilderbuch für Verliebte» bekannt ist. Das Schloß liegt in der Landschaft Ruppin zwischen Prignitz und der Uckermark, die reich an Wäldern und Seen ist und hauptsächlich agrarisch genutzt wird.

An Fürstenberg in Ruppin, einer Grenzstadt zu Mecklenburg-Vorpommern, ging die industrielle Entwicklung bislang weitgehend vorüber. Was kommt auf die Jugend zu?

die riesigen Felder steuerten, nicht mehr, wo das eigene Land eigentlich lag. Das Ende der DDR hat die Genossenschaften durch Absatzsorgen zwar verunsichert, aber bislang wenig verändert; denn die Möglichkeit, nun wieder eigene Familienbetriebe zu gründen, nutzen nur wenige Bauern; den meisten fehlt der Mut dazu und das nötige Können, und sie sind der Selbständigkeit völlig entwöhnt.

Was man in der DDR Fortschritt nannte, zeigt sich aber nicht nur an den rainlosen Feldern, die sich, nur mit Roggen oder Kartoffeln oder Lupinen bewachsen, teils trostlos und öde, teils imposant und weitflächig von einem Dorf bis zum andern erstrecken, sondern zeigt sich auch an den Dörfern selbst.

Vor zehn Jahren noch machten die meisten von ihnen einen verwahrlosten Eindruck, da die funktionslos gewordenen Ställe und Scheunen zu verfallen drohten; heute wirken sie aufgeräumt, sind aber dadurch nicht schöner geworden, eher steril.

Wer Dörfer aus der Vergangenheit kennt, wird als erstes die Hühner und Gänse, die Schwalben und Spatzen vermissen, die früher die sandige oder kopfsteingepflasterte Straße belebten; dann wird ihm auffallen, daß ihm nicht nur der Anblick von Menschen (die anderswo ihrer Arbeit nachgehen oder am Fernseher sitzen), sondern auch der anheimelnde Stallgeruch fehlt. Lärmt kein Durchgangsverkehr, herrschen Leere und Stille; nur eine Katze, seltner ein Hund, überquert vorsichtig den Fahrdamm – es sei denn es ist gerade Sonnabend, an dem die Straßen gefegt werden müssen und alte Frauen mit Gießkanne und Harke zum Friedhof gehen.

Gerät man allerdings in ein Dorf mit einem landwirtschaftlichem Zentrum, kann man sich vor dem Lärm und Gestank der überstarken Traktoren nicht retten. Barackenähnliche Großviehställe wetteifern in ihrer Häßlichkeit mit Futtersilos, Schuppen für Landmaschinen und zwei- bis dreistöckigen Neubaublocks in der monoton wirkenden Plattenbauweise; und die neu etablierte Marktwirtschaft paßt sich mit Billigmärkten, die zuerst oft notdürftig in Lagerhäusern eingerichtet waren, in die Scheußlichkeiten gut ein. Die alten Bauernhäuser werden klein vor diesen Kolossen, und die ursprüngliche, ästhetische Geschlossenheit der Siedlung wird völlig zerstört.

Das Bestreben, die Dörfer schöner zu machen, ging, zum Teil amtlich verordnet, auf Irrwege; denn als schöner galt, was stadtähnlich und pflegeleicht war. Da wurden die alten Kastanien- und Lindenbäume an der Dorfstraße geopfert, um dort plattenbelegte Gehwege zu schaffen, die niemand benutzt, und um die alten Häuser moderner erscheinen zu lassen, wurden die Fenster vergrößert und die Türen mit Vordächern aus gelbem Plastik versehen. Da wurden Mauern und Zäune entfernt, um koniferengeschmückte Vorgärten anlegen zu können, und das warme Backsteinrot der alten Häuser wurde von Rauhputz verdeckt.

In Dörfern, die in diesem Sinn perfekt sind, steht kein Baum; ein Haus sieht aus wie das andere, und auf dem Anger verkümmert ein Rosenstrauch hinter kettenverzierten Mäuerchen aus Beton. Die neueren typisierten Eigenheimbauten am Rande der Dörfer sind dementsprechend. Sie wurden durch Kredite und Materialzuteilung gefördert, und da sie mit eignen Händen oder in Schwarzarbeit aufgebaut werden mußten, herrschte an den Wochenenden immer rege Bautätigkeit.

Verfallene Herrensitze

Eine tradierte Volkskultur wie in der weiter südlich gelegenen Lausitz, wo Umgebindehäuser, Bauernmöbel und Trachten von ihr noch zeugen, hat es in diesem ärmlichen Landstrich wohl kaum oder nur bescheiden gegeben; hier wurde die Kultur vom gutsbesitzenden Adel bestimmt.

Als dieser nach Kriegsende arm gemacht und vertrieben wurde, entstand eine kulturelle Leere, in die, von der SED gefördert, der Geschmack des Kleinbürgertums einströmte, der zwar durch ständigen Mangel daran gehindert wurde, sich aktiv auszutoben, passiv aber manches vorhandene Schöne verfallen ließ.

Wer Lust hat, dem nachzutrauern, sollte ehemalige Gutsparks und Herrensitze aufsuchen, wie Groß-Rietz zum Beispiel, nicht weit von Beeskow, wo sich der Verfall (sowohl der der Sache als auch der des Geschmacks) exemplarisch zeigt. Da steht ein prächtiger Barockbau von 1700, der einst der Familie von der Marwitz gehörte, und sieht aus, als habe man ihn seit den Zeiten des berüchtigten Ministers Woellner, der 1800 hier starb, nicht mehr renoviert.

Die schwungvollen Freitreppen sind geborsten und strauchbewachsen, einige Fenster mit Pappe vernagelt, und außen und innen bröckelt von den Wänden der Putz. Die meisten der Flüchtlingsfamilien, die 1945 hier Unterkunft fanden, haben in den nächsten Jahrzehnten, als die Ansprüche wuchsen, das Leben in dem alten Gemäuer als Strafe empfunden und sich eine andere Wohnung gesucht.

Zurück blieben in den saalartigen Zimmern mit Stuckverzierung nur alte Leute und auf Schloßhof und Gartenfront ein Gewirr von Kleingartenparzellen, Holzschuppen und Hundehütten, das das bauliche Zueinandergehören von Park, Schloß und Kirche völlig zerstört. Zwei Obelisken, die das Parkportal schmücken, stehen noch wie in alten Zeiten, aber Mauern und Zäune sind eingesunken, der Park selbst ist teils verwildert und teils entstellt. Das Ganze steht unter Denkmalschutz, aber der schützt weder vor Verwitterung noch vor der Mißachtung der Leute, die auch mal Müll in den nahen Park warfen, weil der ja sogenanntes Volkseigentum war.

Es war nicht nur Armut, die solche Verwahrlosung und Verfall förderte, es war auch eine politisch erzeugte Traditionslosigkeit. Lange Jahre hindurch geriet jeder, der die Erhaltung der alten Adelssitze verlangte, in den Verdacht reaktionärer Gesinnung, und als sich das änderte, war es, da die Zeit auch in dieser Hinsicht voranschreitet, in manchen Fällen schon zu spät.

Zum Glück gibt es auch andere Fälle, bessere, und zwar nicht nur in Potsdam und Rheinsberg, den märkischen Vorzeigeobjekten, sondern auch in der uns hier als Beispiel dienenden abgelegenen Provinz.

Schloß Kossenblatt an der Spree, südlich von Beeskow, wo der vorn schon erwähnte Friedrich Wilhelm I. (Soldatenkönig genannt) seine seltsamen Bilder malte, erstand schon vor zwanzig Jahren in alter Pracht wieder und kann (wenn man es hinter einem verfallenden Gutshof findet) bewundert werden – allerdings aus der Ferne nur. Denn der Zutritt, den uns die Kunstführer nahelegen, indem sie auf eine geschnitzte Eichentreppe im Innern verweisen, ist nicht gestattet, weil sich hier eine Arbeitsstelle des Staatsarchivs (heute Bundesarchiv) vor Einblicken schützt.

Das war ein Fall nur von vielen. Die DDR-Provinz war voll von Geheimnis. Kilometerweit fuhr man auf regulären Straßen durch Wälder, die zu betreten verboten war, und wenn Landkarten und Kunstführer viele interessante Sehenswürdigkeiten verzeichneten, konnte man wohl sicher sein, daß sie zwar auch existierten, nicht aber, daß man die Möglichkeit hatte, sie zu sehen.

Sucht man in Bad Saarow-Pieskow am größten See der Mark Brandenburg, dem Scharmützel, nach dem im Ortsplan verzeichneten Kurpark, sollte man sich mit dem inneren Bild, das man von einem solchen hat, zufrieden geben; denn in der nüchternen Wirklichkeit steht dort ein ehemals sowjetisches Lazarett.

In jedem Fall empfiehlt es sich, statt lange zu suchen, Straßenpassanten um Auskunft zu bitten oder, falls die sich nicht sehen lassen, wie schon erwähnt, in einen Lebensmittelladen zu treten, der auch in der kleinsten Ortschaft vorhanden ist.

Die Verkäuferin, die sich außerhalb der Urlaubssaison langweilt, wird mit Freuden als Ortschronistin fungieren – viel lieber allerdings und ausführlicher von ihren Erlebnissen des gestrigen Abends plaudern.

Und dabei wird sich herausstellen, daß ihre Erlebnisse, von denen sie uns erzählt, auch die unseren waren, daß also, ob Ost oder West, Stadt oder Land, Provinz oder nicht, wir alle in der gleichen Zeit, der gleichen Welt leben, weil uns abends im Fernsehsessel das gleiche Bildschirmerlebnis vereint.

Kloster Heiligengrabe bei Wittstock war im Mittelalter einer der wichtigsten Wallfahrtsorte in der Prignitz. Die weitläufige Anlage des Klosters ist noch fast vollständig erhalten. Diese Fachwerkhäuser kamen allerdings erst im 18. Jahrhundert hinzu, als das Kloster ein evangelisches Damenstift geworden war.

Nächste Doppelseite: Im Zentrum von Gransee. Wichtigster Gewerbezweig der kleinen, beschaulichen Ortschaft in Ruppin ist der Obstanbau.

Altes Fachwerkhaus in Angermünde am Mündesee. Die Industrie schlug einen Bogen um das Städtchen in der südlichen Uckermark, dessen Bewohner von landwirtschaftlichen und Dienstleistungsbetrieben leben.

Seiteneingang der Pfarrkirche St. Marien in Wittstock, das ehemals Residenz der Bischöfe von Havelberg war. Die Backsteinhallenkirche wurde im 13. Jahrhundert begonnen, im 14./15. Jahrhundert erweitert. Wittstock, dessen alte Stadtbefestigung mit Wehrtürmen größtenteils erhalten ist, gilt als eine der schönsten Städte in der Mark.

Ebenso zählebig wie falsch ist das Vorurteil, die Mark Brandenburg werde landschaftlich vornehmlich durch Sand, Heide und Kiefern geprägt. Waldreiche Niederungen, Sumpfgebiete, Flachmoore und die vielen Seen – mehr als 3000 Gewässer wurden gezählt – ziehen den unvoreingenommenen Betrachter durch ihre herbe Schönheit, aber auch ihren romantischen Liebreiz in Bann. – Bei Liebenberg.

Nächste Doppelseite: Walsleben in der Nähe von Neuruppin. Wo Torfstecher früher ihr karges Auskommen fanden, die Erde sich bei Regen in Schlamm und bei Trockenheit in Staub verwandelte, hängt eine melancholische Stimmung über dem Land.

Dämmerung über dem Ruppiner See. Seine landschaftlichen Reize wirken überwältigend. Im Hintergrund die Silhouette der frühgotischen Dominikaner-Klosterkirche in Neuruppin.

Pritzwalk, ehemals wohlhabende Hansestadt, brannte 1821 fast vollständig ab. Dennoch ist auch heute noch die schachbrettartige Anlage des Orts zu erkennen. Der Turm der Pfarrkirche St. Marien und Nikolai wurde 1882 erbaut.

Anlegestelle der «Weißen Flotte» am Ruppiner See. Die Umgebung des bumerangförmigen, vierzehn Kilometer langen Gewässers ist durch viele Wanderwege erschlossen.

Nächste Doppelseite: Angermünde in der Uckermark, idyllisch von Feldern und weiten Wiesen umgeben, blieb von den Zerstörungen des Zweiten Weltkriegs weitgehend verschont. An der höchsten Stelle des Ortes liegt die mittelalterliche Stadtkirche St. Marien.

Die Marienkirche von Wittstock in der Ostprignitz prägt das Bild des Ortes. Markant an diesem mittelalterlichen Backsteinbau ist der stattliche Turm mit der barocken, kupfergedeckten Haube.

In Gransee im Norden der Mark hat sich noch vieles von der alten Stadtbefestigung erhalten. Schönster baulicher Ausdruck von Verteidigungsbereitschaft und Bürgerstolz ist das Ruppiner Tor.

Das Luisendenkmal auf dem Schinkelplatz in Gransee. Nachdem die Preußenkönigin Louise 1810 in Hohenzieritz verstorben war, machte der Leichenzug während der Überführung nach Berlin eine Nacht in Gransee Station. Karl Friedrich Schinkel entwarf daraufhin im Auftrag von Stadt und Kreis das Denkmal.

Nächste Doppelseite: Ein schöner Bau in reizvoller Landschaft – Schloß Rheinsberg auf einer von Wassergräben durchzogenen Insel am Ostufer des Grienericksees.

Mittelschiff und Chor der Klosterkirche von Chorin in der Uckermark. Nach 1270 begonnen, weist die dreischiffige Basilika der Zisterzienser Elemente der Hochgotik auf, für die nordfranzösische Kathedralen ein Vorbild waren (siehe auch Seite 82).

Kristian Pech

Brandenburg zum Wiederfinden

In welchem Zusammenhang ich damals als Kind, kurz nach dem Kriege geboren, zum ersten Mal das Wort Brandenburg gehört habe, kann ich nicht mehr sagen. Doch mir ist noch die heftige Bedrohlichkeit in Erinnerung, die ich bei seinem Klang spürte. Das Land machte nämlich auf mich einen genauso verheerten Eindruck wie das in dem Vers «Flieg, Käfer, flieg» als abgebrannt bezeichnete Pommerland. Pommerland und Brandenburg gehörten in meiner kindlichen Phantasie zusammen, rätselhafte, von Bränden verwüstete Gegenden. Und weit, weit entfernte. Die Länderbezeichnungen Böhmen und Schlesien kamen mir da schon freundlicher vor. Ganz vertraut aber, und das konnte nicht anders sein, wenn man dort aufwuchs, klangen in meinen Ohren Oberlausitz und Sachsen.

Für eine meiner frühen Begegnungen mit Brandenburg, wenngleich es eine sehr indirekte war, habe ich sogar Schläge bezogen. Eines Tages stand in der Werkstatt meines Großvaters ein klobiges Grammophon, dessen hölzernes Gehäuse zerhackt und als Heizmaterial benutzt werden sollte. Sein Inneres enthielt neben allerlei Gerümpel auch eine Anzahl eingestaubter, zerschrammter alter Schellackplatten. Ich zog eine heraus und spielte sie mit großem Vergnügen ab. Eine zweite erklang, eine dritte, ohrenbetäubende Marschmusik erzeugend. Da kam der Großvater, der an diesem Tag unterwegs gewesen war, Hals über Kopf in die Werkstatt gestürzt. Er riß mit der Linken den Tonarm hoch, und mit der Rechten gab er mir eine Ohrfeige. Er schloß hastig die Fenster. «Brandenburgisch-preußische Militärmärsche, die sind bei uns alle verboten», zischte er, «du bringst uns noch ins Gefängnis.» Anschließend zerhackte er, nach nur flüchtiger Prüfung, eine Platte nach der anderen überm Knie. Auf diese Weise, sicher war sicher, ging sogar auch etwas aus den «Brandenburgischen Konzerten» von Bach in die Brüche.

Seltsam, auch ein anderes Erlebnis im Zusammenhang mit Brandenburg hatte mit Musik zu tun. Nachdem ich längst erwachsen war und im brandenburgischen Cottbus wohnte, fuhr ich an einem Herbsttag mit einem befreundeten Komponisten Richtung Berlin. Wir saßen in einem Auto namens Trabant und unterhielten uns über gemeinsame Projekte. Es mag die vorbeifliegende sandige Landschaft, es mag das geheimnisvolle spätnachmittägliche Licht auf den Kronen der Kiefern beiderseits der Straße gewesen sein, er kam auf ein Lied, welches ich, der Jüngere, noch nie bewußt gehört hatte. Er sang laut und mit Inbrunst gegen die Motorengeräusche an. Seine Gesichtszüge verrieten mir, daß er das Singen des Liedes in dieser unöffentlichen Öffentlichkeit sehr genoß und für etwas wie eine Verschwörung hielt. «Märkische Heide, märkischer Sand / sind des Märkers Freude, sind sein Heimatland. / Steige hoch, du roter Adler, / hoch über Sumpf und Sand, / hoch über dunkle Kiefernwälder, / Heil dir, mein Brandenburger Land.» Er sang alle Strophen, und nach einer nachdenklichen Pause sagte er: «Wir haben das gemocht als Pimpfe, aber es ist kein Nazilied. Schade drum, daß es verlorengeht.» Der Freund bezweckte an diesem Herbsttag mit seinem Gesang im Trabant gewiß nicht, mir das Musterbild eines brandenburgischen Patrioten zu liefern. Doch weil mir bis dahin keine anderen untergekommen waren, geschah genau das.

Nein, im Verlaufe vieler langer Jahre habe ich keinen einzigen Menschen getroffen, der sich als Brandenburger bezeichnet hätte. Allenfalls kam man aus der Prignitz, der Uckermark, dem Fläming, dem Spreewald, der Lausitz und wie die Landschaften alle heißen mögen. Man kam aus den Bezirken Potsdam oder Frankfurt oder Cottbus oder aus

Die Marienkirche im uckermärkischen Prenzlau stammt aus dem 14. Jahrhundert. Der prächtige Ostgiebel mit seinem Maßwerk aus glasierten Formsteinen gilt als ein Meisterwerk der Backsteingotik (Foto um 1900).

irgendeinem Kreis in diesen Bezirken. Nachdem infolge des Krieges große Teile Brandenburgs Polen zugefallen waren und nachdem die Gebietsreform von Anfang der fünfziger Jahre das Land administrativ zerschlagen hatte, wurde der Name mehr und mehr zu einem allein in die Historie gehörenden Begriff. Brandenburg, das meinte die askanischen Markgrafen, den Großen Kurfürsten, Schinkel, Fontane.

Die Ereignisse von 1989 führten auch hierbei zu Veränderungen, das heißt, sie ermöglichten es, daß sich die unterbrochene Kontinuität der Geschichte wiederherstellte. Heute existiert aufs neue, und es ging alles sehr rasch vonstatten, ein Land Brandenburg, bewohnt von mehr als zweieinhalb Millionen Brandenburgern. Das alte Wandervogellied über die märkische Heide ist zum unumstrittenen «Nationalgesang» geworden. Kein Rundfunktag vergeht, an dem es nicht mehrmals gesendet würde. Man singt es bei Festakten und Begräbnissen, an Kneipentischen, in Badewannen und sicher auch in Autos, zumal sie zahlreicher geworden sind. Die Brandenburger kennen wieder die Farben ihrer Flagge, ihr Wappen. Manchmal allerdings behauptet jemand, und meist handelt es sich dabei um einen, dem die neuen Hochgefühle auf die Nerven gehen, er sei und bleibe Preuße. Er sorgt damit natürlich für einige Irritationen, denn das Wissen über diesbezüg-

Die Pfarrkirche St. Petri in Seehausen (Foto um 1890/1900). Gen Himmel weisend erheben sich viele der märkischen Dorfkirchen, als wollten sie die Dörfer beschützen.

Zeugnisse märkischer Baukunst, von denen viele in den letzten Tagen des Zweiten Weltkriegs zerstört wurden (Fotos um 1900). – Oben links: Das spätgotische Rathaus und die Backsteinhallenkirche St. Marien in Fürstenwalde. – Oben rechts: Die Plauerstraße in Brandenburg mit dem Plauer Torturm. – Unten links: Der Steintorturm in Brandenburg. – Unten Mitte: Das Neustädter Rathaus (die Rolandfigur steht heute vor dem Altstädter Rathaus; siehe Seite 74) und das Kurfürstenhaus (links), die beide dem Krieg zum Opfer fielen. – Unten rechts: Die St. Gotthardt-Kirche in Brandenburg.

Mittelbusch am Schwielowsee in einer historischen Aufnahme. Der fünf Kilometer lange und zwei Kilometer breite Schwielowsee wird, wie die anderen Havelseen, von der «Weißen Flotte» befahren. Wer die Schönheit der Landschaft auf sich wirken lassen möchte, kann eine Rundfahrt unternehmen oder den See umwandern.

liche Zusammenhänge erweist sich oft als gering. Preußen, Brandenburg, wie verhält es sich damit? Wodurch unterscheiden sie sich? Sind sie identisch? Bald werden Antworten darauf Allgemeingut sein. Die überschäumenden Emotionen werden einer gründlichen Beschäftigung mit der Geschichte weichen. Einer Auseinandersetzung mit der gesamten Geschichte, ohne die bisher gewohnte Blindheit oder Einäugigkeit.

Um eine kurze Bewertung dessen, ob der Preuße, der sich so nennt, wirklich ein Preuße ist, komme ich an dieser Stelle nicht umhin. Sagen wir so: Mit gutem Recht kann er es dann von sich behaupten, wenn der Zeitpunkt seiner Geburt vor Mai 1945 liegt. Ähnliches gilt auch noch, aber eben eingeschränkt, für einen bis zum 25. Februar 1947 Geborenen. Das war jener Tag, an dem der Alliierte Kontrollrat per Gesetz bestätigte, was in der Realität bereits stattgefunden hatte: die Auflösung des Freistaates Preußen, seiner Zentralregierung wie auch ihrer nachgeordneten Institutionen. Und die Gebiete, von denen der Landesname Preußen einst auf das damalige Kurfürstentum Brandenburg mit all seinen späteren Erwerbungen und Eroberungen überging, diese Gebiete gehörten seit Kriegsende vollständig zu Polen und zur Sowjetunion. Der Name Preußen bekam einen archaischen Charakter. Er dürfte, weil alle Voraussetzungen dafür fehlen, eine Renaissance, wie sie sich im Falle Brandenburgs vollzieht, nicht erleben. Die Preußen von Geburt werden also rar. Die Preußen im Geiste, das ist ein anderes Kapitel.

Die frühen Siedler

Wann und wie Brandenburg in die Geschichte eingetreten ist, das ist mit einer genauen Jahreszahl belegt. Der deutsche Kaiser Otto I. ließ 948 in den Landen zwischen Elbe und Oder die beiden ersten Bistümer gründen. Ihre Namen erhielten sie nach neu errichteten größeren Siedlungen, die bereits Kirchen besaßen: Havelberg und Brandenburg. Aber selbstverständlich hat es schon davor einen Zeitraum geschriebener und einen längeren

Auch heute noch findet der Wanderer in der märkischen Landschaft viele Wege, auf denen er mit sich und der Natur allein sein kann. Trotz extensiver Holzwirtschaft und ökologischer Schäden in einigen Regionen ist Brandenburg nach wie vor das waldreichste Gebiet Ostdeutschlands (Foto von 1933).

HAVELFISCHEREI IN POTSDAM

Ein Fischer bei Caputh an der Havel.

Heute gibt es in Potsdam nur noch einen Fischereibetrieb. Die beiden Fischer, denen er gehört, können sich aber rühmen, ein sehr altes, traditionsreiches Gewerbe zu betreiben. Schon in der Schenkungsurkunde Kaiser Ottos III. von 993 sind die Fischereien unter den Gerechtsamen der Insel «Chotiemvizles» – so hieß die Landschaft zu slawischen Zeiten – erwähnt. Aber die Geschichte der Fischerei ist schon viel älter, wie vorgeschichtliche Funde belegen. Potsdam hatte zwei Fischerviertel, die im Mittelalter noch außerhalb der Stadtgrenzen lagen: Den Kiez im Westen und die Burgfischerei im Osten. Beide waren ursprünglich slawische Fischersiedlungen, der Kiez hat aber diesen Charakter länger bewahrt.

Die in der Umgebung eines vorgeschichtlichen slawischen Burgwalls – an ihn erinnert noch die Burgstraße – lebenden Fischer waren Deutsche. Aus slawischer Zeit rührte noch die Funktion des Pritstabels her, des Wasservogts oder Fischereiaufsehers, die sich bis weit in das 19. Jahrhundert erhalten hatte.

König Friedrich Wilhelm I. (1688–1740), der Soldatenkönig, hatte das Revier des Pritstabels persönlich festgelegt: Ihm unterstanden die Potsdamer Fischer wie auch alle Fischer zwischen Spandau und Brandenburg. Die Aufsicht konzentrierte sich auf die Erhaltung der Fischbestände, um Raubbau zu verhindern. So mußte er vierteljährlich die Maschengrößen der Fischernetze kontrollieren, um zu verhindern, daß auch der Fischnachwuchs, die Samenfische, gefangen wurden. Zum gleichen Zweck inspizierte er die auf den Märkten angebotene Ware. Die Aufsichtspflicht des Pritstabels erstreckte sich auch auf Wehre und Reusen. Im vorigen Jahrhundert hatte er zusätzlich für die Fütterung und das Rupfen der Havelschwäne zu sorgen.

Zwischen Kiezfischern und Burgfischern gab es einen nicht unwesentlichen Unterschied. Als Slawen waren die Fischer Leibeigene ihrer Fürsten gewesen, in deren Rechte nun die deutschen Nachfolger, die Askanier, eingetreten waren. So hatten sie gegenüber dem «Schloß» mannigfaltige Frondienste zu leisten, abgesehen vom Zins und von den Fischlieferungen. Sie hatten in Landwirtschaft und Weinbau mitzuarbeiten, wurden aber auch zu Botendiensten und zum Putzen im Schloß herangezogen. Die deutschen Burgfischer dagegen mußten Hand- und Erntedienste in geringerem Maß leisten, jedoch waren alle verpflichtet, bei den Jagden der Landesherren als Treiber zu dienen. Die Fischereigerechtsame für die Gewässer vom Schwielowsee bis Potsdam war 1317 an das Kloster Lehnin übergegangen. Hier durften die Kiezer fischen, aber nur quer zum Strom, denn längs war es nur den Klosterfischern gestattet. Die Burgfischer fingen ihre Fische in der Havel östlich von Potsdam und den weiter nach Norden anschließenden Seen bis nach Nedlitz einschließlich des Fahrländer Sees. Die Fischereigerechtsame für diese Strecke hatte ab 1345 das Benediktinerinnen-Kloster St. Marien in Spandau. Die Fischer gehörten zwei sozialen Gruppen an. Die Mehrheit waren die «Kleinfischer», die den Fischfang nur mit kleinen Netzen betreiben durften. Der Landesherr aber konnte auch das «große Garn»

Im Land der vielen Seen war die Fischerei jahrhundertelang ein gewichtiger Wirtschaftsfaktor. Auch heute noch werden in der Havel Aale gefangen.

Ganz links unten: Ein Fischer aus Werder bietet Räucheraal zum Verkauf an.

Links oben: Bei Wusterwitz in der Nähe von Brandenburg.

Links Mitte und unten: Am Anleger in Werder sichten Havelfischer ihren Fang.

Rechts: Die Inselstadt Werder, die von Berlin aus mit der «Weißen Flotte» zu erreichen ist – ein vor allem zum Baumblütenfest beliebtes Ausflugsziel (siehe auch Seite 70) – war ursprünglich eine Fischersiedlung.

verpachten. In Potsdam gab es zwei «Garne», die jeweils in zwei Teile zerfielen, also von vier Pächtern wahrgenommen wurden. Diese Garnmeister waren deutsche Fischer aus dem Burgstraßenviertel. Für das Aufhängen der großen Netze an Stangen («Ricken») hatten sie den Rickenzins an die Stadt zu entrichten. Außerdem waren sie verpflichtet, zweimal in der Woche Fische an der Langen Brücke zum Verkauf feilzubieten – so wollte man die Versorgung innerhalb der Stadt sichern. Die Garnmeister gehörten zu den angesehensten Bürgern der Stadt, vor allem vor dem Ausbau Potsdams zur Militärmetropole, der mit Änderungen der sozialen Strukturen verbunden war.
In der ersten Hälfte des 19. Jahrhunderts wurden die Fischer durch die Stein-Hardenbergschen Reformen von den Frondiensten befreit. Die bisher gemeinsam genutzten Grundstücke für das Trocknen der Netze wurden parzelliert und privatisiert, Fischereirechte fixierte man in Grundbüchern. Die Burgfischer gründeten die Altstädter Fischerinnung und die Kiezer die Neustädter Fischerinnung.
Die ersten Angelkarten gab die Neustädter Fischerinnung 1835 mit Zustimmung des Potsdamer Polizeidirektors aus, wobei es einiges Hin und Her über die Anzahl der pro Angelkarte ausgelegten Angeln gab. Mehr Ärger hatten die Fischer mit dem technischen Fortschritt. Als 1839 das erste Dampfschiff die Havel befuhr, sahen das die Fischer als Störung ihrer Betätigung und damit als Bedrohung ihrer Existenz an und klagten dagegen. Die Klage blieb erfolglos, denn der Justizminister entschied, daß der Staat mit der Dampfschiffahrt ein ihm zustehendes Recht ausübe und «von einer Störung des Besitzes» keine Rede sein könne. Auch eine Eingabe an König Friedrich Wilhelm III. (1797–1840) blieb erfolglos. Ein anderes Ärgernis für die Fischer war der Bau der Eisenbahn zwischen Potsdam und Magdeburg. Der Bahndamm beeinträchtigte ihrer Meinung nach die Fischerei, und sie verlangten eine deftige Abfindungssumme, die sie aber nicht bekamen. Die beiden Fischersiedlungen waren im Jahr 1721 nach Potsdam eingemeindet und in den planmäßigen Stadtausbau Friedrich Wilhelms I. einbezogen worden. Heute sucht man am Kiez vergeblich nach den rohrgedeckten Hütten der slawischen Fischer. Die Kiezstraße, die das Andenken an den alten «kytz zu Postamp» wachhält, ist ein stiller Winkel abseits vom Verkehrsstrom in der Breiten Straße. Die Häuser, die meist aus dem 18. Jahrhundert stammen, blieben zwar von der Zerstörung des Zweiten Weltkriegs weitgehend verschont. Als jedoch das Neubauviertel an der Neustädter Havelbucht entstand, wurden im Nordteil der Straße einige der alten Häuser abgerissen.
Die Fischerplätze an der Großen Fischerstraße waren den Blicken der Passanten verborgen, denn die alte Stadtmauer aus der Zeit des Soldatenkönigs versperrte die Einblicke. Aber die über die Mauerkrone ragenden Gerätschaften zeigten an, was hinter der schmucklosen Backsteinmauer getrieben wurde. Auch Mario Weber und Thomas Winkler, die beiden einzigen heute in Potsdam ansässigen Fischer, die ihr uraltes Gewerbe gemeinsam betreiben, wirken hinter der alten Stadtmauer.

Klaus Arlt

Abendliche Stimmung am Großen Zernsee. Einige der Havelseen werden von den Fahrgastschiffen der «Weißen Flotte» befahren. Wander- und Radwege führen ins Grüne.

Zeitraum ungeschriebener, nur mit Bodenfunden dokumentierter Geschichte gegeben. Erste Spuren von Besiedlungen reichen mehr als 50 000 Jahre zurück. Lange Zeit waren die Menschen Jäger und Sammler, sie lebten in kleinen, weit verstreuten, den Tierherden folgenden Gruppen. Zu jagen gab es offenbar zunächst nur Rentiere. Erst später, als sich das nacheiszeitliche Klima weiter verbesserte und für eine Baumflora sorgte, kamen die Tiere des Waldes hinzu, wurde der Fischfang gebräuchlich. Bei den Urbrandenburgern, wenn ich sie so nennen darf, war alles wie bei den Bewohnern anderer Landstriche auch. Sie fertigten ihre Werkzeuge aus Steinmaterial, aus Holz, aus Knochen. Bald begannen sie mit der Kultivierung von Nährpflanzen und mit der Tierhaltung. Sie lernten das Herstellen von Tongefäßen. Nur mit dem Werkstoff Bronze taten sie sich schwer. Weder gewannen sie ihn aus Kupfer und Zinn, noch stellten sie selbst Gerätschaften aus ihm her. Bronzene Gegenstände bezogen sie von außerhalb. Vor reichlich 3000 Jahren erhöhte sich durch Einwanderung aus den südlich angrenzenden Gebieten die Bevölkerungsdichte, und bereits wenige hundert Jahre später nahm sie ohne ersichtlichen Grund wieder stark ab. Es folgte ab dem 5. Jahrhundert v. Chr. eine längere Phase germanischer Besiedlung. Aus dieser Zeit wurde von römischen Geschichtsschreibern sogar der Name eines Volksstammes überliefert, sie bezeugten die Existenz der Semnonen.

Gegen Ende des 6. Jahrhunderts n. Chr. strömten dann in einen wiederum siedlungsarm gewordenen Raum aus mehreren Richtungen Slawen ein. Sie kamen von jenseits der Oder, aus Territorien an der mittleren und oberen Weichsel, aus dem Karpatengebiet. Die Neusiedler waren zum großen Teil Bauern. Überall dort, wo es die Bodenverhältnisse zuließen, säten sie Getreide, pflanzten sie Gemüse.

Sie hielten alle Arten von gemeinhin bekannten Haustieren. In den damaligen Siedlungen spann und webte man. Es finden sich Hinweise auf Werkstätten von Töpfern, Böttchern, Schustern, Schnitzern, Drechslern. Und selbstverständlich auf Jäger und Fischer. Das Leben dieser Menschen war sehr hart, aber es verlief in ruhigen Bahnen. Kriegerische Auseinandersetzungen haben nie im Vordergrund gestanden. Daß es sie freilich gab, beweisen die Waffenfunde, die Reste der Wehrbauten und Fluchtburgen.

Nach Beginn des 10. Jahrhunderts wurden die Slawen von gut ausgerüsteten Heerscharen, die aus dem Westen heranrückten, in ungewohnt schwere, blutige Kämpfe verwickelt. Heinrich I. hatte die unverrückbare Absicht, das Land zwischen Elbe und Oder zu unterwerfen und seinen Bewohnern den christlichen Glauben aufzuzwingen. Mit der Eroberung der Feste Brenabor (das ist heute Brandenburg), die der Siedlungsmittelpunkt der Heweller war und von ihnen zäh verteidigt wurde, erreichte er Ende des Jahres 928 einen wichtigen Teilerfolg. Die bereits erwähnte Gründung der beiden Bistümer erfolgte in der Absicht, den Zugriff auf die eroberten Gebiete weiter zu verstärken. Und doch konnten sich die Sachsenherrscher nicht mehr lange an ihrer Beute erfreuen. Im Jahre 983, dem Sterbejahr von Kaiser Otto II., dem Enkel Heinrichs I., gelang den slawischen Heeren die Vertreibung der Eindringlinge. Die verhaßten Bischofssitze, die die Sachsenherrscher gegründet hatten, und ihre Großkirchen zerstörten sie. Sie verehrten wie eh und je in den heiligen Hainen ungestört ihre alten heidnischen Gottheiten. Für anderthalb Jahrhunderte herrschte wieder Freiheit und Unabhängigkeit.

Bei dem neuerlichen Versuch der Landnahme waren die Deutschen erfolgreicher. Der Askanier Albrecht der Bär, der bereits die Lehnsherrschaft über die Nordmark ausübte, rang das Oberhaupt der slawischen Lutizen nieder, den Fürsten Jaxe von Köpenick, und eignete sich dessen Herrschaftsgebiet an. Seit 1157 führte er den Titel Markgraf von Brandenburg. Auch er hatte sich die Christianisierung auf die Fahnen geschrieben. Doch ging er weitaus geschickter vor als seine Vorgänger. Er suchte den Erfolg nicht ausschließlich in Gewaltaktionen gegen die Slawen, sondern setzte auf Kolonisierung. Dünnbesiedelte Zonen seines Besitzes ließ er mit Bevölkerungsgruppen auffüllen, die man aus dem Altreich herbeirief und die neben vielen Fähigkeiten und Fertigkeiten den christlichen Glauben als unsichtbares Gepäck mit sich führten. Zahlreiche neue Dorfstellen wurden gegründet. Was aber bewegte die Leute aus dem Westen eigentlich, ihre angestammten

Siedlungsräume zu verlassen? Es dürften, wie ich vermute, in erster Linie die ihnen versprochenen besseren Lebensbedingungen gewesen sein. Die Angesiedelten erhielten ihr Land als vererbbaren Besitz und waren, außer daß man von ihnen maßvolle Abgaben forderte und daß sie der Landesherr zu Kriegsdiensten heranziehen konnte, unabhängig. Die Deutschen brachten, indem sie unter Führung ihres jeweiligen Lokators die Slawen kurzerhand von ihrem Grund und Boden vertrieben, die fruchtbarsten Landstriche in ihren Besitz. Nur manchmal siedelten sie gemeinsam oder in enger Nachbarschaft. Und besonders in diesen Gegenden kam es schon früh zu rascher Assimilation; die slawischen Glaubensinhalte und die slawischen Sprachen begannen zu versiegen.

Die Nachfolger Albrechts sorgten für weiteren territorialen Zuwachs; genannt seien so wichtige Gebiete wie die Uckermark, der Barnim, die Lande Lebus und Teltow. Die zerrütteten, verwaisten Bistümer waren als wichtige Ausgangspunkte dieser territorialen Ausweitung ein zweites Mal errichtet worden, und zur Beherrschung der Ländereien entstanden nun nicht wenige Klöster und Domstifte. Der Zustrom von Einwanderern erreichte einen neuen Höhepunkt. In großer Zahl kamen nun auch Kaufleute und Handwerker ins Land, die sächsischer, fränkischer, niederländischer Herkunft waren. Es konnten sich in der Mark Brandenburg etwa hundert Städte herausbilden. Deren Besiedlung geschah ähnlich wie die der Dörfer, nur verfügten diese frühen urbanen Zentren jeweils über einen weit größeren Grundbesitz als das einzelne Dorf.

In diese Zeit fallen auch die Gründungen von Berlin und des benachbarten Cölln (um 1230). Mit der Einführung des Backsteins begann eine lebhafte Bautätigkeit. Die profane, besonders aber die kirchliche Baukunst erreichten einen hohen Stand. Als Beispiele seien die großen Gotteshäuser in Berlin, Frankfurt und Neuruppin genannt. Nun traten auch die Dorfkirchen, die meist aus sorgfältig bearbeiteten Findlingsquadern errichtet wurden, in den Blickpunkt. Die Zentren des frühgotischen Bauens waren jedoch der Bischofssitz Brandenburg und die Zisterzienserklöster Doberlug, Zinna und Lehnin.

Raubritterzeit

Mit dem Jahr 1320 endete, da die askanische Dynastie ausstarb, ein langer Abschnitt der brandenburgischen Frühgeschichte. Was nun folgte, läßt sich erahnen: Um die Mark Brandenburg brach ein Besitzstreit aus. Die reale Macht der Herrscher, ob sie Wittelsbacher waren, ob Luchsenburger, verfiel immer mehr. Anarchie machte sich breit. Für den ländlichen Adel war das eine höchst willkommene Situation. Er konnte sich endlich, ohne Strafe fürchten zu müssen, all die Dinge und all die Rechte aneignen, auf die er schon lange begehrlich geblickt hatte. Die zumeist aus Kriegsknechten und Lokatoren hervorgegangenen Adligen maßten sich in den umliegenden Dörfern die niedere und höhere Gerichtsbarkeit an. Sie lenkten Abgaben, die ausdrücklich dem Landesherrn zustanden, in die eigenen Speicher und Kassen. Sie besetzten Ländereien, besetzten Burgen. Selbst die Städte, die ihre Macht ebenfalls ausweiten konnten, waren vor ihren Überfällen nicht sicher. Besonders schlimm sollen es übrigens die Herren Putlitz, Quitzow und Itzenplitz getrieben haben.

Den Kaiser, der damals Sigismund hieß, beunruhigten die brandenburgischen Zustände. Er gab 1411 dem Nürnberger Burggrafen den Auftrag, die Verhältnisse in der Mark zu ordnen, und machte ihn zum obersten Hauptmann und Verweser. Mit ihm beginnt ein sehr wesentlicher und langer, ein bis an die Gegenwart heranreichender Abschnitt brandenburgischer Geschichte: Friedrich von Hohenzollern (1371–1440). Der Kaiser wird bald davon überzeugt gewesen sein, daß er den Richtigen ausgewählt hatte. Friedrich zeigte sich seiner schwierigen Aufgabe gewachsen. Er verhandelte, ließ verhandeln, verhandelte wieder, stellte Ultimaten, und als sich eine Reihe von Adligen dennoch nicht seinem Willen unterordnen wollte, unternahm er den sogenannten Raubritterfeldzug. Die Burgen, in denen die Rebellen saßen, wurden belagert und mit einem Hagel von steinernen Geschützkugeln zerstört. Selbst die Plauer Burg konnte er niedermachen, von

Fortsetzung Seite 59

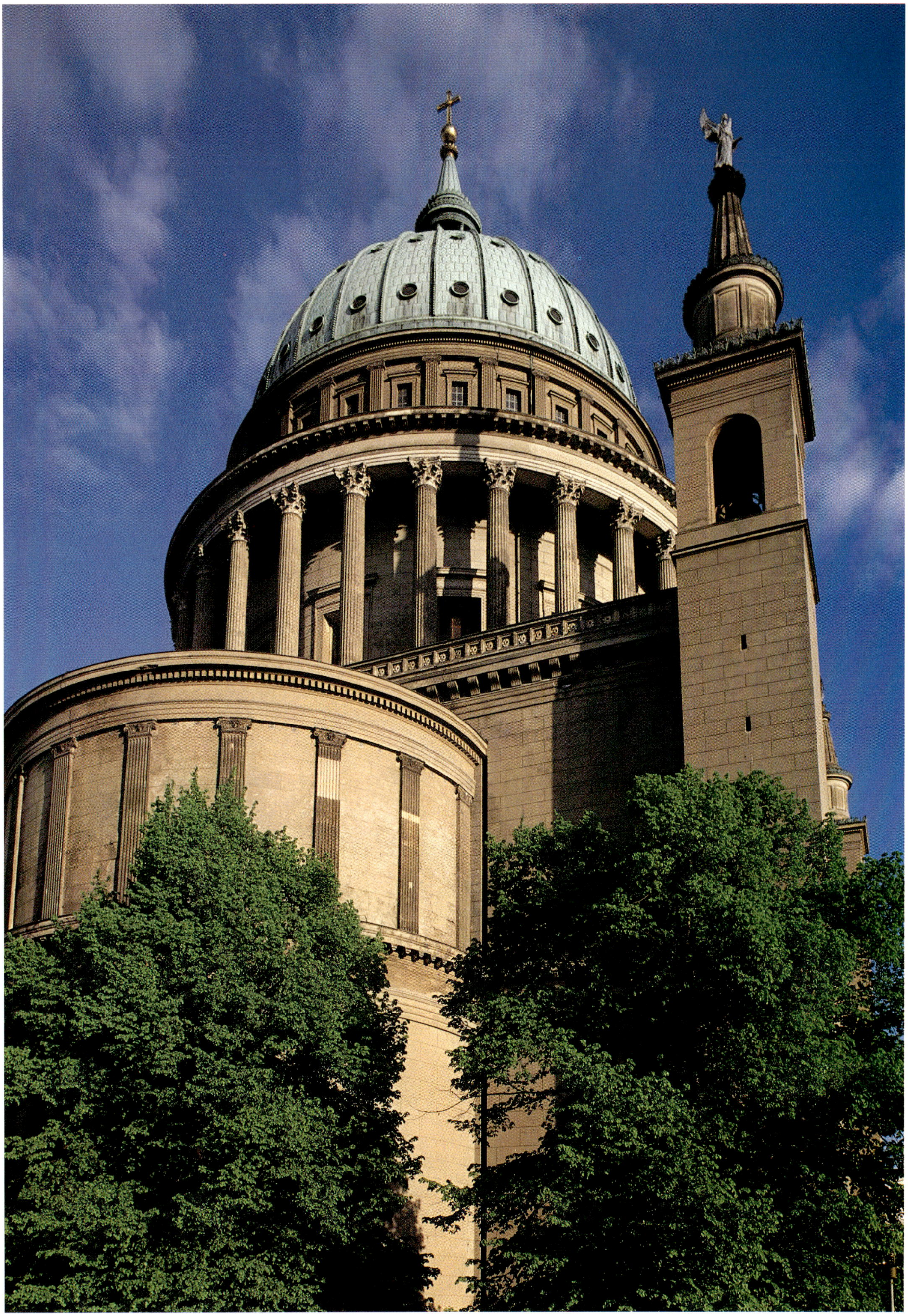

Die Nikolaikirche, Potsdams Hauptkirche und Wahrzeichen der ehemaligen Preußenresidenz, erbaute Karl Friedrich Schinkel zwischen 1831 und 1837 im klassizistischen Stil. Die mächtige Kuppel errichteten Ludwig Persius und Friedrich August Stüler nach Schinkels Tod.

Hinter dem neugotischen Nauener Tor (1755) in Potsdam liegt das in Europa einmalige Holländische Viertel: Vier Karrees mit 134 roten Backsteinhäusern wurden von 1734 bis 1742 für holländische Handwerker erbaut.

Muße und heitere Entspannung suchte Friedrich der Große in Schloß und Park Sanssouci. Lebensgroße Figuren aus der antiken Mythologie, etwa Merkur (links) und Diana (rechts), stehen am Fuß des eigens angelegten Weinbergs, auf dem das Schloß erbaut wurde.

Friedrich der Große regierte von 1740 bis 1786 und setzte das Werk seiner Vorfahren aus dem Hause Hohenzollern, des «Großen Kurfürsten» und seines Vaters, des gestrengen «Soldatenkönigs» fort. Er verschaffte Preußen einen Platz unter den Großmächten Europas. Die Skulptur des Königs steht am Eingang des Parks von Sanssouci.

Nächste Doppelseite: Der Neorenaissancebau der Orangerie im Park von Sanssouci.

Das ehemalige Rathaus am Alten Markt in Potsdam. Dem zuerst aufgestellten Atlas war die Weltkugel zu schwer geworden, er stürzte herab. Sein vergoldeter Nachfolger hält sich und die Kugel bis heute. Im Vordergrund der sechzehn Meter hohe Obelisk (1753 bis 1755) mit Medaillons der großen Architekten Preußens: Gontard, Knobelsdorff, Persius und Schinkel.

DIE FLÖTENTÖNE VON SANSSOUCI

Eines jener Bilder, die viele Potsdam-Besucher mit sich tragen, ist das 1852 entstandene Gemälde «Das Flötenkonzert» von Adolph von Menzel, das Friedrich II. (1740–1786) als Solisten einer kammermusikalischen Aufführung inmitten seines Hofstaats zeigt. Tatsächlich hat der Monarch aufgrund seiner ausgeprägten musischen Neigungen das höfische Leben um die Mitte des 18. Jahrhunderts stark beeinflußt. Die Musik war jedoch bereits zur Regierungszeit Friedrichs I. am brandenburgischen Hof heimisch. Allerdings wurde von seiner Begeisterung für die französische Oper und von der Vorliebe seiner Gemahlin Sophie Charlotte für die italienische Kammermusik vorrangig das künstlerische Leben in Berlin beeinflußt. Die Amtszeit von Friedrich Wilhelm I. (1713–1740) unterbrach abrupt die kulturelle Blüte. Obwohl der Monarch selbst – zu seiner Entspannung – gern malte, duldete er keinerlei Geldausgaben für die Förderung der schönen Künste am Hof. So blieb es Friedrich II. vorbehalten, die Musik in Preußen aus ihrem Dornröschenschlaf zu wecken; allerdings tat er dies nicht allein mit Flötentönen, sondern auch mit (Kriegs-)Trommeln und Trompeten! Schon als junger Kronprinz hatte Friedrich in Ruppin und Rheinsberg ein Kammerorchester unterhalten. Anläßlich einer Familienvisite des preußischen Herrscherhauses am Hof in Dresden hatte der damals sechzehnjährige Kronprinz 1728 den bereits berühmten Flötisten Johann Joachim Quantz (1697 bis 1773) kennengelernt und als Privatlehrer verpflichtet. Da Quantz zu dieser Zeit an die Dresdner Hofkapelle gebunden war, fanden die Lektionen vorerst nur vereinzelt statt; erst nach seinem Amtsantritt 1740 holte Friedrich der Große seinen Lehrer und musikalischen Berater ganz nach Potsdam. Quantz komponierte im Auftrag des preußischen Herrschers allein 299 Flötenkonzerte für den König; beim dreihundertsten sei, wie ein Chronist vermeldet, «der fleißige Mann» verstorben.

Johann Quantz, der Flötenlehrer Friedrichs II.

Friedrich II., der sowohl von Quantz als auch von Carl Heinrich Graun Unterricht im Komponieren erhalten hatte, steuerte für die preußischen Hofkonzerte eigene Stücke bei. Dabei dominierten Werke für «sein» Instrument: Weit über 100 Flötensonaten und vier Flötenkonzerte aus der Hand des Monarchen sind erhalten. Sie werden auch heute – als Beispiele der Berlin-Potsdamer Vorklassik – hin und wieder aufgeführt. Daneben komponierte Friedrich der Große mehrere kleine Sinfonien, Arien (die zum Teil auch als Einlagen in den Opern Carl Heinrich Grauns Verwendung fanden) Serenaden und zudem einige Märsche.

Während des Siebenjährigen Kriegs zerfiel die preußische Hofkapelle; Carl Heinrich Graun, ihr Kapellmeister, war bereits im Jahr 1759 gestorben. Obwohl sein Nachfolger, Johann Friedrich Agricola, sich bemühte, an die Tradition seines Vorgängers anzuknüpfen, war die große Musikblüte am königlich-preußischen Hof welk geworden. *Paul D. Bartsch*

Friedrich der Große als Solist bei einem Flötenkonzert (Gemälde «Das Flötenkonzert» von Adolph von Menzel, 1852).

Die russisch-orthodoxe Alexander-Newski-Kirche auf dem Potsdamer Kapellenberg. In der Nähe liegt die russische Kolonie Alexandrowka.

Schloß Cecilienhof. So sah dieser Raum auch 1945 aus, als hier – im 1917 gebauten, ehemaligen Wohnhaus des Kronprinzen Wilhelm – die Potsdamer Konferenz mit Truman, Churchill und Stalin tagte.

Laubengänge und Wasserspiele sollten im Park von Sanssouci die Natur in «kultivierter» Form nahebringen. Das Sonnenemblem an diesem Pavillon spielt auf das große Vorbild Friedrich II., den Sonnenkönig Ludwig XIV., an.

Als älteste noch bestehende Museumsanlage Deutschlands gilt die von 1755 bis 1763 erbaute Bildergalerie am Oranienrondell in Sanssouci. Sie beherbergt vor allem niederländische und italienische Gemälde aus dem 17. Jahrhundert, unter anderem Meisterwerke von Rubens, van Dyck, Tintoretto und Caravaggio.

Blick vom Neuen Palais in Sanssouci auf die palastartigen spätbarocken Communs, die zwischen 1765 und 1767 als Wirtschaftstrakte und Dienerschaftsgebäude erbaut wurden. Sie waren mit dem Neuen Palais durch einen unterirdischen Gang verbunden (Foto um 1930).

Potsdam wurde zum Symbol für die Licht- und Schattenseiten der Geschichte Brandenburg-Preußens und Deutschlands. Den Geist der Wilhelminischen Zeit verkörpert der Uniformierte vor Schloß Sanssouci. Kaiser Wilhelm II. bevorzugte als Residenz das Neue Palais (Foto von 1892).

der es heißt, sie habe vier Meter dicke Mauern gehabt. Wenn dieser Friedrich I. einzelne Adlige disziplinierte, dann nur, um die Adelsherrschaft insgesamt zu stärken. Und auch sein Sohn Friedrich II., der Eiserne, tat viel für die Festigung ihrer Macht, indem er die Städte unterwarf und ihnen bereits verbriefte Rechte wieder abnahm. Gegen das ihm zu selbstbewußt gewordene Berlin-Cölln ging er mit vehementer militärischer Gewalt vor. Das Ergebnis war, daß die Doppelstadt alle Städtebündnisse, einschließlich der Hanse, verlassen mußte und man ihr sogar die Eigenverwaltung untersagte. Trotzdem sollte es nur noch einige Jahrzehnte dauern, ehe Berlin kurfürstliche Residenzstadt wurde, und noch einmal genauso lange, bis Johann Cicero 1538 die dortige Zwingburg in ein prächtiges Residenzschloß umzubauen wagte.

Im 15. Jahrhundert unternahmen die brandenburgischen Herrscher viele Anstrengungen, um ihr Land immer weiter zu vergrößern. Sie führten ungezählte Grenzkriege, die meisten gegen Pommern, ohne dabei besonders erfolgreich zu sein. Die Gebietsgewinne blieben, gemessen am Aufwand und am Übermaß der angerichteten Verwüstungen, bescheiden. In der Folgezeit erreichten die Hohenzollern mit Erbverträgen und anderem Länderschacher allerdings wesentlich mehr. Die Liste der territorialen Neuerwerbungen ist lang: Die östlich der Oder gelegene Neumark. Die Herrschaften Cottbus und Peitz. Das Land Teupitz. Die Gebiete um Krossen, Züllichau, Bobersberg, Sommerfeld. Die Herrschaft Ruppin. Das Herzogtum Kleve und die Grafschaften Mark und Ravensberg. Schließlich das Herzogtum Preußen. Preußen, das zu Beginn des Dreißigjährigen Krieges hinzukam, war mit Abstand der größte territoriale Gewinn. Preußen maß ganze 25 Quadratmeilen weniger als das gesamte bisherige Brandenburg.

Der Krieg suchte die Mark schwer heim. Heere aller Seiten zogen mehrfach durch sie hindurch und hinterließen breite Schneisen der Plünderung und der Zerstörung. Bauern und Stadtleute flohen und kamen um. Am Ende des Krieges glichen die märkischen Städte Ruinenlandschaften. Von den rund 8000 Dörfern war nur noch jedes zweite

DES DIENSTES EWIG GLEICHGESTELLTE UHR

Wo sind sie geblieben, die Soldaten, für die man diese Stadt vor 250 Jahren in Sand und Sumpf baute? Sie lebten in den Bürgerquartieren und «Beweibtenkasernen» der Alt- und Neustadt, exerzierten auf den Plätzen der Stadt oder vor ihren Toren, pflegten ihre Pferde bei den Ställen an der Stadtmauer vor den Stubenfenstern der Bürger. In farbenfrohen Uniformen dominierten sie das Stadtbild, noch bis in unser Jahrhundert hinein. Es gab schließlich Zeiten, in denen jeder dritte Potsdamer dem Soldatenstand angehörte. Heute trifft der Tourist, der seinen Reiseführer zwischen Nikolaikirche und Neuem Palais gewissenhaft abarbeitet, selten einen Soldaten in Uniform.

Die Garnisonkirche, der berühmteste Bau des militärischen Potsdam, einstiges Denkmal brandenburgisch-preußischer Militärseelsorge, besteht nicht mehr. Dennoch wird der aufmerksame Wanderer auf Schritt und Tritt unter den Gebäuden der Altstadt noch viele Zeugen der militärischen Vergangenheit Potsdams finden. Schließlich wurde die Stadt durch den Soldatenkönig Friedrich Wilhelm I. (1688–1740) zum Zweck der Unterbringung seiner Soldaten in großem Stil zur Garnisonstadt ausgebaut.

Zum Ende seiner Regierungszeit hatte sich die Zahl der Einwohner fast verzehnfacht. Vor allem die noch zahlreich vorhandenen Giebelstubenhäuser der zweiten Stadterweiterung sind ein beredtes Zeugnis dieses «starcken Baus», an dem die Soldaten in großer Zahl auch als Arbeitskräfte beteiligt waren.

Wie viele Geschichtchen in Potsdam hält sich zäh die Legende, daß in der Giebelstube die einquartierten Soldaten gewohnt haben sollen. In Wirklichkeit jedoch hatten die Grenadiere einer königlichen Vorschrift von 1722 gemäß ein 208 Quadratfuß (= 20,5 Quadratmeter) großes Zimmer zu bewohnen, das ebenerdig zur Straße hin liegen und einen direkten Zugang vom Hausflur haben mußte. Somit war eine leichte Kontrolle der Stubenbesatzung und das schnelle Verlassen des Hauses im Alarmfall möglich. Im Durchschnitt lebten in einem Potsdamer Bürgerhaus vier Soldaten. Besser gestellte Einwohner hatten jeweils sechs Mann aufzunehmen und bauten dann oft gemeinsam mit dem Nachbarn zwischen ihren Wohnhäusern ein kleineres Haus für die beiderseitige Einquartierung der Soldaten.

Nachdem Friedrich der Große (1740 bis 1786) seinen Sommersitz Sanssouci errichtet hatte, baute er die Stadt seines Vaters um: Vor allem im Bereich der ersten Stadterweiterung, die noch nicht die architektonische Qualität der zweiten hatte, verordnete er den schlichten Bürgerhäusern Schaufassaden, deren Schmuck oft militärische Symbole zeigt. Zum militärischen Potsdam des 18. Jahrhunderts gehörten auch Folgeeinrichtungen, wie die Gewehrfabrik, die Garnisonschule und das Militärwaisenhaus. Die «Königlich Preussische Gewehrfabrique» hatte der Soldatenkönig Friedrich Wilhelm I. 1722 in Spandau und Potsdam gegründet. Ihre Werkstätten lagen am Stadtkanal im Bereich der heutigen Hoffbauerstraße, aber auch an anderen Stellen der Stadt. Den imposanten Gebäudekomplex des «Großen Militärwaisenhauses zu Potsdam» hatte Friedrich Wilhelm I. 1722 nach dem Vorbild der Franckeschen Stiftungen in Halle zur Versorgung der Soldatenkinder gegründet. Diese Sozialeinrichtung war notwendig, da neben den sehr begrenzten Eheschließungen der Soldaten auch das Zusammenleben «auf Zeit» mit Genehmigung der Vorgesetzten möglich war.

Während im 18. Jahrhundert die Infanterie in der Stadt tonangebend war, kamen ab 1819 mehr Kavalleristen nach Potsdam. Für die Einheiten des 1. Garde-Ulanen-Regiments fehlten bald Unterkünfte und Stallungen. So entstand vor dem Brandenburger Tor auf dem Grundstück eines ehemaligen Gasthofs auf der Südseite des heutigen Luisenplatzes 1833 bis 1836 der zweite Neubau einer modernen Groß-

Links, oben und unten: Noch zu Beginn des Jahrhunderts prägten preußische Soldaten das Bild der Stadt Potsdam.

Rechts oben: Uniformen für die verschiedenen Dienstgrade des preußischen Infanterieregiments bis 1852; von links: Grenadier-Sergant, Grenadier, Grenadier-Korporal, Musketier-Unteroffizier, Musketier.

Rechts unten: Das Exerziergebäude der Soldaten, der «Lange Stall».

kaserne. Das stattliche dreistöckige Backsteingebäude erhielt auf Wunsch König Friedrich Wilhelms III. (1797–1840) einen Zinnenkranz, um seinen militärischen Charakter deutlich zu machen. Diese Kaserne diente unter Kaiser Wilhelm II. (1888–1918) der Leibgendarmerie und wurde nach dem Ersten Weltkrieg Verwaltungsgebäude. Die dritte Kaserne lag in der Berliner Vorstadt und wurde zum Quartier der 1821 von Berlin nach Potsdam eingerückten Garde-Husaren. Auch hier verordnete der königliche Wunsch den wehrhaften Zinnenkranz.

Nach der preußischen Heeresreform, deren wesentliche Maßnahmen in das Jahr 1860 fielen, ging der forcierte Ausbau Potsdams zur Militärstadt weiter. In den nächsten vierzig Jahren wuchs Potsdam zum hervorragendsten Standort des preußischen Heeres.

Um 1900 hatte die Garnisonstadt Potsdam den vorläufig endgültigen Stand ihres Ausbaus mit großer Perfektion erreicht: Fast 15 Prozent der Stadtbevölkerung waren Soldaten und Offiziere. Bis dahin entstanden weiter moderne Kasernenkomplexe in der Stadt. 1914 wurden die bunten Uniformen abgegeben und stattdessen Feldgrau angezogen. Die «Strippenjungs», «Blechköppe», «Mehlsäcke» (Garde du Corps) und auch die «Stobigen» (Ulanen) zogen in einen Weltkrieg, den sie nicht gewinnen konnten. 1918 kehrten nicht viele zurück. Potsdam wurde Garnison der Reichswehr, einer kleinen Armee von Berufssoldaten, die in den eigentlich viel zu großen Kasernenkomplexen des Kaiserreichs hervorragende Unterbringungs- und Ausbildungsmöglichkeiten fand. Der Kaiser war gegangen, aber Potsdam blieb der Inbegriff des alten Preußen.

Zur Zeit des NS-Regimes begann für Potsdam ein neues militärisches Zeitalter, das es nur sehr lädiert überlebte. Ab 1935 entstanden neue Kasernenkomplexe, wie die Kriegsschule in Potsdam-Bornstedt und die Heeresunteroffiziersschule in Potsdam-Eiche. Auch die Kasernenhöfe der Innenstadt Potsdams waren wieder voll in Betrieb gegangen. Nach 1945 fanden sich neue Herren: Sowjetisches Militär, wenig später auch die Nationale Volksarmee der DDR, bevölkerten die alten Standorte, doch die preußische Militärtradition wurde mit spitzen Fingern angefaßt, ja verleugnet, aber fleißig praktiziert. Die neuen Armeen lebten nicht mehr mit Potsdam, sondern bei Potsdam ein sehr eigenes und wenig öffentliches Leben. Seit dem November 1989 stehen immer mehr Kasernen leer, Uniformen sind im Straßenbild von Potsdam zur Seltenheit geworden.

Klaus Arlt

Blick vom Brauhausberg auf die Garnisonstadt Potsdam im 18. Jahrhundert (kolorierter Kupferstich, um 1750).

bewohnt. Aber mit den ausgehandelten Friedensverträgen konnte Brandenburg, das sich während der Kriegswirren mehr oder weniger neutral verhalten hatte, sehr einverstanden sein. Es bekam eine Landeshälfte des begehrten Pommern, die ehemaligen Bistümer Kammin, Halberstadt und Minden und hatte aktenkundige Aussicht auf Weiteres.

Brandenburg war sehr groß geworden. Doch genaugenommen bildete es eine verwirrende, zusammenhangsarme Ansammlung unterschiedlichster Länder, die ständig auseinanderzufallen drohte. Die jeweiligen Herrscher hatten ein schweres, wenn auch hoffnungsvolles Erbe anzutreten. Zu dieser Zeit regierten die beiden letzten brandenburgischen Kurfürsten, zunächst Friedrich Wilhelm, genannt der Große Kurfürst, und nach ihm sein Sohn Friedrich III., mit dem die Reihe der nominell preußischen Herrscher begann. Seit 1701 durfte er sich, zu Friedrich I. geworden, als König *in* (noch nicht *von*) Preußen bezeichnen. Für diesen Titel zweiter Wahl hatte er nicht wenig bezahlen müssen. Der deutsche Kaiserhof verlangte von ihm 8000 kriegsfähige Untertanen. Daß am Beginn des Königstums der Hohenzollern ein Soldatenhandel steht, wirkt wie ein ironischer Vorgriff auf manches Spätere.

«O! der schönen Gegend Reitz»

Die ersten Brandenburger, von denen ich Auskünfte in eigener Sache bezog, waren Dichter und Schriftsteller. Kurt Tucholsky mit den Texten über Rheinsberg, Theodor Fontane mit den unerschöpflichen märkischen Reisebeschreibungen, des Pastor Schmidts naive Gedichte. Jener Pastor ging als Schmidt von Werneuchen (das ist ein Ort bei Berlin) gewiß nicht nur deshalb in die Literaturgeschichte ein, weil ihn sein Zeitgenosse Goethe einer Parodie für würdig hielt. Seine Verse, so schwärmerisch und zivilisationsscheu sie erscheinen mögen, sind wahrhaftige Spiegelungen der Freuden und Nöte eines Landmenschen von damals. Schmidt verfaßte mit seinen Werken gleichsam märkische Inventarlisten,

Die Garnisonkirche in Potsdam galt als Wahrzeichen der Stadt. Das aus 40 Glocken zusammengestellte Glokkenspiel im Kirchturm intonierte jede halbe Stunde ein mahnendes «Üb' immer Treu und Redlichkeit». Im Zweiten Weltkrieg schwer zerstört, wurde sie 1968 abgetragen (Foto von 1892).

eine Art märkischer Schöpfungsbilanz. Er schrieb, mit pfiffiger Unbekümmertheit reimend, über all das, was er sah, hörte, roch, schmeckte, fühlte, dachte. Für den, der sich auf seine Werke einläßt, ist Brandenburg sofort mehr als nur das flache und sandige Land. Der Leser erfährt zum Beispiel: «... Auf dem Teich, vom Schilf umzischt, / Fährt man sich im Kahn und fischt / Hechte, die am Ufer plätschen, / Pflückt im Garten Nüss' und Zwetschen, / Wo der Stieglitz nicht erschrickt, / Der am reifen Mohnkopf pickt ...» Oder: «... O! der schönen Gegend Reitz; / Fern der grauen Mühle Kreutz, / Des gepflügten Ackers Streifen, / Dirnen, die die Heumahd häufen, / Und der Bleicherin Gesänge / Kürzen uns des Weges Länge ...»

Aber auch ein brandenburgischer romantischer Maler, Karl Blechen, der durch seine lichtdurchfluteten Italienbilder bekanntgeworden ist, hat mir einiges über die Verhältnisse in der Mark vor Augen stellen können. Er malte heroische Landschaften, in die er glücklicherweise in einigen Fällen die frühen Fabriken einbezog. So wurde manches Kunstwerk gleichzeitig zu einem Dokument der Industriegeschichte.

Um mit den heutigen Brandenburgern ins Gespräch zu kommen, spreche man sie auf erdnahe Themen an. Man frage nach der Qualität des letztjährigen Spargels, man äußere sich zu Gurkenrezepten und zu der besten Art der Karpfenzubereitung, man spreche über Pilzwetter, über Pfifferlinge. Dann sind sie offen für alles andere: Ferienreisen, schnelle Autos, Bausparverträge und dies und das. Auch mit ihren Ängsten, daß die kommenden Jahre überaus schwierig werden könnten, halten sie nicht lange hinterm Berg.

Brandenburg bildet flächenmäßig zwar das größte der neuen Bundesländer, aber sein Industriepotential ist schwach, die Infrastruktur kümmerlich. Die Abwanderung qualifizierter Arbeitskräfte in westliche Regionen kommt nicht zum Stillstand. Selbst die Landwirtschaft sieht sich vor großen Problemen. Viele Böden sind von Natur aus nicht fruchtbar genug, um die erforderlichen Erträge abzuwerfen.

Mit gemischten Gefühlen blicken die Brandenburger auf Berlin. Sie sehen den Stadtstaat mit einigem Recht als das ihrem Land abhandengekommene Zentrum an, und sie fürchten die von ihm ausgehende gewaltige Anziehungskraft, die zu einer noch weiteren Provinzialisierung der Randgebiete zu führen droht. Als Makel empfanden die Brandenburger lange Zeit, daß man ihnen nachsagen konnte, sie lebten in dem einzigen Bundesland ohne eigene Universität. Aber Brandenburg hat natürlich einmal eine gehabt. Und das Bundesland Brandenburg hat im September 1991 wieder eine bekommen, und die steht in Frankfurt an der Oder – eine große europäische Bildungsanstalt. Hier also Hoffnung. Die Brandenburger werden viel Hoffnung brauchen.

Eine Spreewaldansicht

Als ich vor Jahren im Brandenburgischen meinen Wohnsitz nahm, machte ich Bekanntschaft mit einem Land, das sich um meine Gunst nicht besonders bemühte, es hatte die Ausstrahlung einer spröden Geliebten. Und genauso wirkt es noch heute auf mich, nach ungezählten Fahrten durch märkische Landstriche, nach Aufenthalten an vielen Orten. Das Land besteht eben nicht nur aus den Potsdamer Prunkschlössern und weitläufigen Gartenanlagen, aus der Idylle um Schloß Rheinsberg und dem Spreewald.

Aber selbst die Spreewaldbesucher werden nicht alle in ihre vielleicht mittelgebirgige oder südlich milde Heimat mit dem Eindruck zurückkehren, sie hätten ein Stück ausgesprochen schöner Landschaft gesehen. Denn die Landschaft wird ihnen nicht ausreichend nahegebracht. Eher bleibt ihnen ein Nachgeschmack von Groteskem. Durch dunkle Wasserläufe, von Bäumen begrenzt und überwölbt, werden mit Menschen überfüllte Kähne gestakt. Die Leute sitzen in den Wasserfahrzeugen auf quergestellten Gartenbänken eng an eng und trinken Alkohol und erzeugen, besonders wenn sich Kähne begegnen, also fast ständig, einen rummelplatzähnlichen Lärm. Die Kahnfährleute mit den langen Stangen kommen kaum noch zu Wort. Wenn sie sich gegen das Stimmengewirr durchsetzen können, sprechen sie über Dinge wie die Schlaglochgefahr

Fortsetzung Seite 83

Das Neue Palais in Potsdam ließ Friedrich der Große nach dem Siebenjährigen Krieg erbauen. Der protzige spätbarocke Repräsentationsbau (1763–1769) sollte verbergen, wie sehr das Land gelitten hatte und die finanzielle und politische Macht Preußens eindrucksvoll vor Augen führen. Auf der Kuppel – hier durch den Triumphbogen gesehen – tragen die drei Grazien die Königskrone.

Nächste Doppelseite: Am 15. April 1945 fiel das Stadtzentrum von Potsdam mit seinen historischen Gebäuden dem Bombenhagel zum Opfer. Vieles wurde restauriert, nicht alles. Die neuen Machthaber ließen die Ruinen des alten Stadtschlosses und der Garnisonkirche abtragen. Doch nach wie vor beherrschen Türme und Kuppeln das Stadtbild.

Fußgängerzone im Zentrum Potsdams in der Nähe der Brandenburger Straße. Sie wird von den Potsdamern halb anerkennend, halb spöttisch «Broadway» genannt.

Märkische Spezialitäten: Viel gutes Obst hat die Region zu bieten, und am besten kauft man es gleich bei dem, der es selbst gezogen und gepflückt hat, wie hier in Werder (siehe Seite 70).

Der Fischreichtum der Havel war für die ersten Siedler in Werder eine wichtige wirtschaftliche Grundlage. Auch heute werden hier noch frisch geräucherte Fische zum Verkauf angeboten, doch kann keiner von der Fischerei allein mehr leben (siehe Seite 44).

FRÜHLING IN WERDER

Die Baumblüte und das Blütenfest in Werder waren stets eine Sache der Berliner: Erfunden hatte das Blütenfest der Obstzüchter Wilhelm Wils, der es am 13. März 1879 in der Vorstandssitzung des Obst- und Gartenbauvereins seinen Berufskollegen vorschlug. Und schon zwei Teil ihrer Arbeit. Während die Haushaltskassen nach der Ernte je nach Ertrag einigermaßen gefüllt waren, brauchte man nach dem Winter und in der ertraglosen Zeit des Frühjahrs dringend neue Einnahmen, auch, um die im Winter aufgelaufenen Schulden zu bezahlen.

Zum Obstweinausschank kam der Verkauf von Frühjahrsblumen hinzu. Eine große Rolle spielte dabei die Kultivierung von Maiglöckchen, die man in Werder Maiblumen nennt, in Gewächshäusern. 1739 preßten etwa 35 Weinpressen 2036 Eimer Wein, das sind fast 140 000 Liter. Die ökologische Grundlage für diese Produktion waren die leichten, sich schnell erwärmenden Böden der sonnigen Hänge und die klimatisch ausgleichend wirkenden großen Wasserflächen der Havelseen. Schon damals wirkte sich außerdem die günstige Lage Werders zu der wachsenden Stadt Berlin aus.

In der weiteren Entwicklung war aber der Werdersche Wein den Konkurrenten aus

Monate später rollten die ersten Sonderzüge mit Blütengästen aus Berlin an. Das Blütenfest war kein Volksfest der Einheimischen, sondern vom Kommerz geprägt: Die Berliner sollten nicht nur auf den Märkten in der Großstadt, sondern auch «vor Ort» ihr Geld für die Landesprodukte ausgeben. Das betraf zur Zeit der Baumblüte natürlich in erster Linie den Obstwein, der in zauberhafter Natur, unter blühenden Bäumen in der Frühlingssonne, besonders berauschend war. Für die Obstzüchter war das Blütenfest Die Maiblumen mit ihren kleinen weißen, duftenden Blüten konnten schon ab Mitte Dezember angeboten werden.

Die Geschichte des Obstanbaus an der Havel ist noch nicht alt. Im Mittelalter baute man auf den sonnigen Hängen zunächst Wein an. Wahrscheinlich haben die Zisterziensermönche aus dem nahen Lehnin den Anbau stark gefördert. Belegt ist, daß in der ersten Hälfte des 18. Jahrhunderts der Weinbau für Werder zum Haupterwerbszweig geworden war. Es gab zu dieser Zeit 130 Weinbergbesitzer. den Weinanbaugebieten an Rhein, Mosel und Neckar qualitativ nicht gewachsen. Zudem erkannte man schon damals, daß die Einstellung des Weinanbaus zu großen ökologischen Schäden – wie zur Verödung und Abtragung der Hänge – führen würde, und förderte daher die Entwicklung des Obstanbaus.

Mit dem ständig wachsenden Absatzmarkt Berlin wuchs der Obstanbau um Werder und weitete sich auch auf Nachbargemeinden, vor allem Glindow, aus. Etwa 500 Obstzüchter rangen den wenig

Die Inselstadt Werder ist ganz besonders zur Zeit des Baumblütenfests Ende April ein beliebtes Ausflugsziel.

Links: Obstweinstände boten schon damals den Ausflüglern allerorten eine Stärkung für die lange Heimfahrt an (Foto von 1902).

Oben: Feucht-fröhliche «Blütenfest-Stimmung» (Foto von 1931).

Rechts oben: Die Gartenlokale in Werder haben bis heute nichts von ihrer Attraktivität eingebüßt, die sie damals schon zum Pilgerziel für Großstädter machte (Foto von 1908).

Rechts unten: Eine der vielbesuchten Ausflugsgaststätten mit Musikkapelle und Obstweinausschank (Foto von 1928).

fruchtbaren Böden in harter Handarbeit köstliche Früchte von ausgezeichneter Qualität ab. Da es in der Gegend nur wenig Viehhaltung gab, wurde organischer Dünger aus Mist, Küchenabfällen, Jauche und Laub in einer ausgemauerten Grube gewonnen. Wie intensiv sich die Obstzüchter mit ihrer Arbeit auseinandersetzten, zeigt die Tatsache, daß ihre Namen in den Bezeichnungen von Obstsorten fortleben, wie zum Beispiel in den Süßkirschensorten «Kassins Frühe» oder etwa «Knauffs Schwarze».

Schon früh machten sich die Obstzüchter Gedanken über die Vermarktung. Zwei große Obstausstellungen in Werder in den Jahren 1875 und 1876 machten das Gebiet in ganz Deutschland bekannt. Wichtig wurde der 1878 gegründete Obst- und Gartenbauverein, der 1879 das besagte Blütenfest beschloß, Ausstellungen und Fortbildungsmaßnahmen organisierte, den Bau eines Wasserwerks förderte und den Transport der Ware nach Berlin organisierte. Bereits 1861 hatte man das Transportschiff «Wilhelm I.» gekauft, mit dem 1890 etwa 2000 Tonnen Obst nach Berlin gebracht wurden.

Die Obstzüchter karrten dazu ihr Obst zum Verladeplatz. Das Schiff fuhr um 15 Uhr ab, mit ihm die Obstzüchterfrauen, die dann am frühen Morgen schon in Berlin mit ihren großen, mit Obst dekorierten Hüten hinter den Marktständen saßen. Nach dem Verkauf ging es dann mit der Eisenbahn nach Werder zurück, denn dort wartete schon wieder die Arbeit im Haushalt, auf dem «Land», wie man in Werder sagt, und der nächste Dampfer in Richtung Berlin.

Der Obstanbau zog natürlich andere Gewerbe nach. In erster Linie waren es Obstverwertungsbetriebe und Zulieferer, die eimerartige «Tienen» aus Holz, später Spankörbe herstellten. Die Blütenfeste förderten aber vor allem die Gastronomie, die sich besonders an landschaftlich schönen Stellen etablierte. Die bekanntesten Großgaststätten waren die «Friedrichshöhe» und die «Bismarckhöhe», daneben gab es viele kleinere, mehr oder weniger feine Wirtshäuser, die zu den Blütenfesten die Berliner mit fester Nahrung («Aal grün»), vor allem aber mit flüssiger Nahrung versorgten. Die Obstzüchter boten an ihren Gartenzäunen den typischen selbstgemachten Obstwein und die letzten späten Äpfel aus ihren Keller an.

Die Flaschen steckten in Umhängenetzen, die von den Frauen im Winter gehäkelt worden waren. Für den Rücktransport des angeheiterten Publikums aus dem blühenden Obstweinparadies in die Steinwüste der Großstadt sorgten Sonderzüge, wobei diejenigen, die dem Wein besonders stark zugesprochen hatten, in strohgepolsterte Güterwagen geladen wurden und erst auf dem Wriezener Güterbahnhof in Berlin am nächsten Morgen erwachten.

Klaus Arlt

Brandenburg, die älteste Stadt der Mark, der sie auch ihren Namen verlieh, entstand aus drei durch den Lauf der Havel getrennten Siedlungskernen, die langsam zusammenwuchsen: Der Dominsel, der Altstadt und der planmäßig angelegten Neustadt (siehe Stadtplan auf Seite 137). Hier die Fußgängerzone in der Hauptstraße, eine der Einkaufszeilen der Neustadt.

Blick in die Steinstraße mit dem mächtigen Steintorturm, einem der vier erhaltenen Wehrtürme der mittelalterlichen Stadtbefestigung von Brandenburg.

Die Katharinenkirche am Neustädter Markt, die größte Kirche der Stadt Brandenburg. Sie gilt wegen ihres feinen Fassadenschmucks aus Backstein – hier die Ansicht auf das Seitenportal – als ein Hauptwerk der märkischen Backsteingotik.

Kleinod in der Altstadt Brandenburgs: Das Altstädtische Rathaus, ein Backsteinbau aus dem 15. Jahrhundert mit seinem dekorativen Staffelgiebel und schlanken Turm. Die mittelalterliche Sandsteinskulptur des Roland (1474) neben dem Eingangsportal ist über fünf Meter hoch. Sie stammt ursprünglich von dem im Zweiten Weltkrieg zerstörten Neustädter Rathaus. Übrigens soll das Büschel Donnerbart auf dem Haupt der Rolandfigur sie angeblich vor Blitzschlag schützen.

Gegenüber dem Rathaus von Rathenow hat verdientermaßen August Duncker sein Denkmal erhalten. 1767 in der Stadt geboren, begründete er ihre optische Industrie und brachte damit seinem Heimatort Weltruf und Wohlstand.

Auf der Autoseilfähre in Caputh. Theodor Fontane war lange vor uns hier, und wenn es 1869 auch noch keine Autos gab, so doch einen Fährmann – und über ihn und seine drei Söhne hat der Dichter viel zu berichten.

Nächste Doppelseite: Hier wird sichtbar, wie schön die Stadt Brandenburg in die umliegende Landschaft gebettet ist. Links vorn die St. Gotthardt-Kirche mit ihrem in verschiedenen Bauepochen entstandenen Turm, dessen Haube barock ist, und rechts im Bildhintergrund der Dom St. Peter und Paul.

Blick auf das Havelland: Die wasserreiche und von vielen Sümpfen und Brüchen durchzogene Landschaft westlich von Berlin besitzt keine großen Erhebungen. Die letzte Eiszeit hat hier eine weite Ebene mit sanften Hügeln geschaffen, in der der Blick über Flüsse und Seen bis zum Horizont reicht. Die Fluß- und Seengebiete sind noch weitgehend unberührt und Areal vieler selten gewordener Pflanzen- und Tierarten.

Die Abbildung oben zeigt den Lauf der Havel bei Premnitz südlich von Rathenow, die Abbildung links den Ort Wassersuppe am Hohenauer See nördlich von Rathenow.

Hier bei der Ortschaft Mögelin südlich von Rathenow sind Lauf und Ufervegetation der Havel noch naturbelassen. Der Fluß schlängelt sich wie seit Urzeiten durch die weitflächige Landschaft.

Nächste Doppelseite: *Eine Allee westlich von Gransee. Noch sind diese baumbestandenen Straßen in Brandenburg sehr oft anzutreffen. Es ist zu hoffen, daß die Vielzahl dieser schönen Alleen erhalten bleibt.*

1180 wurde in Lehnin das erste märkische Kloster der Zisterzienser gegründet. Wenig später entstand dort die Klosterkirche, ein Bau aus Backstein, der beispielhaft die strenge Architektur des Zisterzienserordens zeigt. Eine Tochtergründung des Klosters Lehnin ist das Kloster Chorin in der Uckermark (siehe die Seiten 36, 120 und 121).

auf den Wasserstraßen und verlangen folgerichtig, nachdem sie ihre anderen Mätzchen angebracht haben, ein kurzes Aussteigen wegen Reifenpanne. Auf Bootsstegen lauern Erwerbsfotografen, die sofort, wenn sich einer dieser schwimmenden Menschenbehälter genähert hat, ihre Apparate hochreißen und ihn ohne Auftrag ablichten, nein, ein Foto davon schießen. Leider glauben die Einheimischen, ihr Heil in der Anbiederung suchen zu müssen, in der Selbstverleugnung. Sie haben nichts dagegen, es ist ihnen sogar recht, wenn die Fremden den Spreewald für eine Art Disneyland halten. Das wahre Gesicht der Landschaft, als bedeutete es ihnen nichts, lassen sie verhüllt. Zu sprechen wäre aber darüber, daß dieser Spreewald nicht etwa für touristische Zwecke angelegt wurde, sondern seine jetzige Beschaffenheit dem Überlebenskampf früherer Bewohner verdankt.

Das Kahnfahren war seinerzeit in den kleinen Dörfern des inneren Spreewaldes fast das ganze Jahr über die einzige Fortbewegungsart. Mit dem Kahn wurde einfach alles transportiert, Gras, Feldfrüchte, Baumaterialien, Tiere. Und natürlich immer Menschen. Mit dem Kahn brachte man die Toten zum Friedhof. Der Briefträger kam mit ihm. Im tiefen Winter, wenn die Fließe, zumindest die Nebenfließe, dick zugefroren waren, wurden Schlitten und Schlittschuhe benutzt.

Vieles hat sich seither im Spreewald verändert. Inzwischen dürfte auch das letzte Dorf, der letzte Ortsteil Wegeanschluß bekommen haben. Die in früheren Zeiten notwendige Winterausrüstung fällt, weil sie seit Jahrzehnten nicht mehr gebraucht wird, den Holzwürmern und dem Rost zum Opfer. Seit das Spreewasser von mehreren Großkraftwerken genutzt wird, von denen drei – Lübbenau, Vetschau und Jänschwalde – in unmittelbarer Nähe aufragen, kühlt es sich nicht mehr ausreichend ab, um zu gefrieren. Daß mit dem Bau einer Talsperre zwischen Cottbus und Spremberg die schweren Frühjahrshochwasser der Vergangenheit angehören, dürfte ein Fortschritt sein.

Bei Radensdorf entstand vor einiger Zeit eine große Rinderzuchtanlage. Um die Futterversorgung sichern zu können, wurde der sogenannte Nordpolder «großgerätefähig» gemacht, also entwässert. Eine Maßnahme, die unter der Bevölkerung einigen Mißmut auslöste. Betroffen war immerhin ein nicht unbeträchtlicher Teil des Landschaftsschutzgebietes Spreewald, ein wichtiges Feuchtbiotop. Auf die besorgten Einwände habe ich damals die ranghöchste Funktionärin südlich Berlins in einer Versammlung sagen hören: «Wissen Sie, einem Sumpf weine ich keine Träne nach, der paßt einfach nicht in den Sozialismus. Wir werden noch ganz andere Sümpfe trockenlegen.»

Verheizte Landschaft

Etwa zur gleichen Zeit kam ich durch Zufall mit einem Ingenieur ins Gespräch, der irgendein Leiter in irgendeinem Lausitzer Kraftwerk war. Ein geborener Demagoge. Er versuchte wortreich, mein Unbehagen an der herrschenden Umweltzerstörung gigantischen Ausmaßes, die mit dem Braunkohletagebau einhergeht, zu zerstreuen. Er sagte etwa: «Wir haben dadurch die Chance, alles besser als vorher zu gestalten. Es kann gar nicht genug abgebaggert werden. An der Landschaft, die hopsgeht, ist nicht viel dran. Paar Nester mit alten Buden, paar sandige Wälder und Felder, paar Wildkarnickel. Die Leute schicken wir in die Stadt. Sie kriegen dort schöne Neubauwohnungen. Haben wir die Kohle draußen, fluten wir einfach riesige Seen, bauen vernünftige Straßen und Urlauberzentren. Es gibt schon Beispiele dafür.»

Ich konnte noch so viel von Raubbau und Heimatverlust reden, nichts focht ihn an. Er fühlte sich im Besitz endgültiger Wahrheiten. Ich habe ihn stehenlassen. Am Tag darauf konnte man in der lokalen Zeitung lesen, daß bei Trattendorf wieder einmal auf einer Fläche von 50 Hektar der zundertrockene Wald brannte. Ein Fanal, das während heißer Frühsommerperioden jährlich gemeldet wird und das in diesem konkreten Fall zeitgleich mit dem Gespräch, das kein Gespräch war, aufzulodern begonnen hatte. Weil man, um die inzwischen bis zu 120 Meter tiefen Tagebaue vor Nässeeinbrüchen zu schützen, jede Pfütze Wasser abpumpen muß, ist die Landschaft ausgedorrt.

KLAPPE FÜR HAVELWOOD

Filmleute sind ein seltsamer Menschenschlag. Pausenlos reden sie von den «Takes», «Rückpro», «harten Schnitten» und anderen rätselhaften Dingen. Ihre ganze Welt scheint nur aus Bildern zu bestehen, die es irgendwie in den Kasten zu bekommen gilt. Besonders heftig greift dieser Wahnzustand in einem gewissen Potsdamer Villenvorort um sich. Deshalb: Ton ab, Kamera läuft, Klappe für Babelsberg – die erste:

Wir sehen (wie es in den Drehbüchern immer heißt) ein riesiges Gelände, auf dem es nur Sand und eine Kunstblumenfabrik gibt. Und so fing alles an: 1912 kam man bei der *«Deutschen Bioscop Gesellschaft»* auf die Idee, daß hier fortan nicht mehr Blumen, sondern bloß noch Kunst, und zwar Filmkunst, produziert werden sollte. Ein großes Glashaus entstand, und die ersten Streifen wurden gedreht – damals noch bei Tageslicht und ohne Ton. Paul Wegener hatte mit «Der Student von Prag» und «Der Golem» so großen Erfolg, daß Babelsberg schon bald darauf aus allen Nähten platzte. Die berühmte Universum-Film AG, kurz Ufa, wuchs auf der unscheinbaren märkischen Scholle zum größten europäischen Unternehmen der Branche heran. Hier krähten «Die drei von der Tankstelle» fröhlich ihr Lied vom Freund, dem guten Freund, ins Mikro, und Marlene Dietrich teilte im «Blauen Engel» lasziv hauchend mit, worauf sie von Kopf bis Fuß eingestellt war. Hans Albers rollte im Cadillac heran, um als Münchhausen auf der Kanonenkugel zu reiten, und Theo Lingen näselte, was das Zeug hielt – aber dann wehten in Babelsberg die Hakenkreuzfahnen, und jüdische Mitarbeiter waren unerwünscht.

Es folgte Babelsberg – die zweite: Joseph Goebbels ernannte sich selbst zum Schirmherrn des deutschen Films, die Themen wurden propagandistischer, und ganz zum Schluß brach 1945 bei dem sinnigen Streifen «Das Leben geht weiter» die Produktion völlig zusammen. Das Leben ging zwar weiter, aber diese Art von Film nicht. Zunächst nicht.

Zunächst kam Babelsberg – die dritte: Nach dem Krieg sollte alles anders werden. Aus den Ufa-Resten formierte sich die Defa, und dort drehten namhafte Regisseure wie Wolfgang Staudte oder Kurt Maetzig. Allerdings war dieser Neubeginn nicht von Dauer: Mit dem Kalten Krieg zog auch die kulturelle Gängelei wieder in Babelsberg ein. Es wurde zensiert und verboten, bis am Ende die Kino-Stars in den Westen auszogen. Bekanntlich folgte ihnen im Jahr 1989 dann ein Teil des Publikums nach, woraufhin das Ancien régime filmreif zusammenklappte.

Damals schien Babelsberg auch wieder mal am Ende; über 2000 Filmleute saßen auf der Straße. Doch dann kam, wir ahnen es schon, Babelsberg – die vierte: Auf dem legendären Gelände regte sich abermals Leben. Nicht nur Loriot stand mit «Pappa ante Portas», sondern ein ganzer Erlebnispark zum Thema Film wurde aufgebaut. Bei der Babelsberger Studiotour kann man heute locker einen ganzen Tag zwischen historischen Kulissen zubringen oder einen Blick in den weltgrößten Requisitenfundus werfen. Dazu gibt es in Babelsberg mehrmals täglich «Action» bei einer sehr professionellen Stunt-Show. Nicht nur Kinder und kindliche Gemüter kommen bei all dem auf ihre Kosten, es gibt auch interessante Erläuterungen für Filmenthusiasten.

Neben dem bunten Trubel wird schon wieder tüchtig gedreht. Der renommierte Ort mit seiner ach so deutschen Geschichte scheint noch immer eine große Anziehungskraft auszuüben. Ob es irgendwann ein Happy-End geben wird, weiß noch niemand zu sagen. Aber fest steht: Die letzte Klappe für das havelländische Hollywood ist noch lange nicht gefallen. *Reinhard Ulbrich*

Dreharbeiten zu «Metropolis» (oben). – Szene aus «Der Golem» von 1914 (unten).

Rechts oben: Szene aus dem Ufa-Film «Die Drei von der Tankstelle» aus dem Jahr 1930 mit Oskar Karlweis (links), Heinz Rühmann (Mitte) und Willy Fritsch (rechts).

Unten links: Hans Albers reitet als Baron Münchhausen auf der Kanonenkugel. Kinoplakat für den Film «Münchhausen» von 1953.

Unten rechts: Plakat zum Ufa-Stummfilm «Der Sprung ins Leben» von 1924 mit der Schauspielerin Xenia Desni in der Hauptrolle.

Hans Albers
in
Münchhausen
DER GRÖSSTE DEUTSCHE FARBFILM

RABUS
XENIA
DESNI
IN
DER SPRUNG
INS LEBEN
DER ROMAN EINES ZIRKUSKINDES
REGIE:
DR. JOHANNES GUTER
MESSTER-FILM
DER
UFA IM
DECLA-LEIH

Links: Der Schriftsteller Theodor Fontane (1819–1898) mit seiner Tochter Marthe. Fontane wurde in Neuruppin geboren.

Rechts: Der Physiker Albert Einstein (1879–1955) auf einem Foto aus den zwanziger Jahren. Einstein (Bildmitte) ließ sich 1929 in Caputh bei Potsdam ein Holzhaus als Sommerrefugium bauen. Lange war ihm dieser Ort der Erholung nicht vergönnt: Als die Nationalsozialisten 1933 an die Macht kamen, emigrierte Einstein in die USA.

Braunkohle wird in der Lausitz schon seit vielen hundert Jahren gewonnen, lange Zeit ausschließlich für den Hausgebrauch. An einigen Stellen reichte das Flöz bis an die Oberfläche, anderswo lag über ihm nur eine dünne Deckschicht. Beim Abbau von Torf, Lehm, Sand konnte es gelegentlich vorkommen, daß man fündig wurde. 1844 ist bei Spremberg eine Grube bezeugt, etwa zwanzig Jahre später eine bei Welzow. Es gab in diesen Breiten auch den Tiefbau aus Braunkohle. Zum Beispiel existierte Ende des vorigen Jahrhunderts eine derartige Zeche bei dem Dörfchen Belten, zehn Kilometer südöstlich von Lübbenau. Im Senftenberger Revier begann man frühzeitig mit der Brikettierung des Fördergutes und konnte damit die Absatzchancen, die Konkurrenzfähigkeit der Braun- gegenüber der Steinkohle erheblich verbessern. Um die Jahrhundertwende stieg die Zahl der Lausitzer Bergleute stark an. 1906 betrug sie bereits 12 000. Die Gruben hatten übrigens fast immer Frauennamen bekommen, sie hießen «Wilhelmine», «Clara», «Ilse», «Brigitta».

Bei der Benennung der heutigen Tagebaue verzichtet man auf dieses weibliche Flair. Sie sind dafür zu molochhaft geworden. Sie fressen sich mit nie erlöschender Gier nach allen Seiten in die Landschaft. Für Zimmerwärme, kurzlebigen Strom, Arbeitsplätze. Was die über hundert Meter langen Abraum- und Förderbrücken nach getanem Werk dann hinterlassen, wenn sie durch breite Geländekorridore, über Straßen, Gleise, Bäche und worüber sonst noch hinweg Meter um Meter an ihren nächsten Einsatzort gezogen werden, das, Herr Ingenieur, werden keine schöneren Landschaften, das sind für lange Zeit gar keine. Zumal man sich die Rekultivierung nicht viel kosten lassen will. Die Aufschlußarbeiten waren ja schon teuer genug, und da blieben die damit verbundenen Verluste an ideellen Werten noch unberücksichtigt. Sie hätten die Rechnung gänzlich unbezahlbar gemacht. Der in der Lausitz erzeugte Strom ist verheizte Lausitz. Ich habe das kleine Schloß Tranitz gekannt. Ich bin in ihm gewesen, als schon die Unkenklänge der Tagebaumaschinen zu hören waren. Fehlt es, nachdem es gesprengt ist, oder fehlt es nicht? Die abgerissene Kirche von Groß Lieskow, wo hat man sie wiedererrichtet?

Links: Bertolt Brecht (1898–1956) mit Paul Dessau (am Klavier) auf einem Foto von 1951. Brecht zog 1952 mit seiner Frau, der Schauspielerin Helene Weigel (1900 bis 1971), nach Buckow am Schermützelsee.

Rechts: Der Schriftsteller und Zeitkritiker Kurt Tucholsky (1890–1935; auf dem Foto links) verhalf Stadt und Schloß Rheinsberg mit seiner Liebesgeschichte «Rheinsberg» zu literarischem Ruhm (Foto von 1928).

Wodurch wird sie aufgewogen? Vor längerer Zeit war ich einmal mit dem Fahrrad unterwegs, um mir das Dorf Seese anzusehen, in dem 1527 Martin Luther weilte und vermutlich auch gepredigt hat. An jener Stelle, wo auf meiner Wanderkarte Dorf und Kirche verzeichnet waren, klaffte ein infernalischer Krater. Daß auch das Dorf Tornow mit seinem alten Burgwall nicht mehr zu finden sein würde, wußte ich bereits. Archäologen hatten über Jahre dort Ausgrabungen vorgenommen. Das weiterhin bewohnte Dorf wurde eine der am besten erforschten Siedlungen der Lausitz und eine fundreiche Ausgrabungsstätte dazu. Das war etwas. Dann aber mußte das Dorf untergehen. Dann wurde all seine Geschichtsträchtigkeit unwiederbringlich dem Kohleabbau geopfert.

Mein Freund, der Komponist, hat ein vokales Musikstück geschrieben, in dem die «devastierten Dörfer», so das verhüllende Fachwort für die Verwüstung der Landschaft, alle beim Namen genannt werden. Bei ihrem sorbischen Namen, da die meisten Dörfer hier sorbische Gründungen waren und bis zuletzt ganz oder teilweise von Sorben bewohnt wurden. Es entstand ein sehr, sehr langes Requiem.

Kirschen und Backsteine

Unlängst wollte ein saarländischer Kollege von mir wissen, welchen Landstrich ich für typisch brandenburgisch halte. Er plante eine Art Bildungsreise hierher. Ich habe ihm die Gegend von Petzow genannt, die sich ganz in der Nähe von Potsdam befindet. Da ich nun noch einmal darüber nachdenke, glaube ich, daß ich darin recht hatte. Petzow weist eine ganze Anzahl typisch märkischer Eigenschaften auf, zum Beispiel ist es seenreich, sandig, kiefernbewaldet, abgeschieden und provinziell.

Bei meinem ersten Besuch waren die Hügel zwischen Glindow- und Schwielowsee mit dem wildesten Gras überzogen, das ich je gesehen hatte. Aus dem Gras ragten mannsdicke, knorrige schwarze Stämme. Manchmal fand sich an ihren geweihartigen Fortsät-

Vor allem im Süden Brandenburgs hat der Kohlebergbau seit der Industrialisierung Ende des letzten Jahrhunderts Landschaft und Menschen geprägt. In der Grube «Schwarze Hand» arbeiteten diese Bergmänner aus Beelitz, die sich 1912 zu einem Gruppenbild aufstellten.

Paketpost vor dem Bahnhof von Cottbus. Die größte Stadt der Niederlausitz war schon in der zweiten Hälfte des 14. Jahrhunderts Knotenpunkt wichtiger Handelsstraßen. Mit dem Bau der Eisenbahn gewann Cottbus seine Bedeutung als Verkehrsmittelpunkt zurück (Foto um 1900).

Links: Kettenbahn vor dem Mundloch der Grube «Viktoria» im Senftenberger Revier, wo 1869 die erste Grube entstand (Foto vor 1910).

Rechts: Die Michaelisfärberei am Mühlgraben in Cottbus. Aus der mittelalterlichen Tuchmacherei entwickelte sich im Lauf des 19. Jahrhunderts in Cottbus eine wirtschaftlich bedeutende Textilindustrie (Foto um 1900).

zen noch ein lebender Ast oder ein grünes Zweigbüschel. Und an manchen hingen Süßkirschen. Sie waren ungewöhnlich groß und von paradiesischem Wohlgeschmack. Mittlerweile wurden die überalterten Kirschplantagen gerodet. Im vergangenen Jahr fand ich an ihrer Stelle ausgedehnte Erdbeer- und Blumenkohlfelder.

Vor Jahrhunderten hatten die Südseiten der Hügel Weinstöcke getragen, wie vielerorts in der Mark, und manche Erhebung wird noch heute Weinberg genannt. Sie waren wenig gehaltvoll, diese Trauben so weit im Norden, und das daraus gekelterte Getränk war oft eine Zumutung, aber die Trauben, die an den Landflanken zwischen den warmen märkischen Seen geerntet wurden, dürften von den schlechten die besten gewesen sein. Der Weinbau hat kaum Spuren hinterlassen. Man muß schon einen südwärts gelegenen Hang sehr genau betrachten, um erstaunt festzustellen, daß er wirklich einmal terrassiert war.

Da sind von einem anderen Erwerbszweig, den man in Petzow und Glindow betrieb, schon sehr viel mehr Spuren in der Landschaft geblieben. Die beiden Dörfer unterhielten zahlreiche Ziegeleien, für die der Ton an Ort und Stelle gewonnen werden konnte. Weil die Tonerde dort aber erst in zehn Metern Tiefe lagerte, kam es in der Gegend zu großen Abraumbewegungen, zu großen Geländeeinschnitten. Es entstand eine schluchtenreiche Haldenlandschaft. So zumindest auf Glindower Flur.

Anders in Petzow. Die aufgehäuften Erdmassen, die zurückgelassenen Senken kamen für den großen Landschaftsgestalter Peter Joseph Lenné (1789–1866), der vom Grundherrn den Auftrag erhalten hatte, an diesem Ort einen Gutspark zu errichten, wie gerufen. Lehmgewinnung und Parkausbau wurden nun eng miteinander verknüpft. Die Pläne für das Schloß stammen, wie könnte es anders sein, von dem in Neuruppin geborenen großen Architekten Karl Friedrich Schinkel (1781–1841). Schinkel hat auch die Kirche entworfen, die am Dorfrand auf einem Hügel steht. Sie ist ein schöner, strenger Backsteinbau. Ihre gelben Ziegel und auch die roten, die zur Konturierung der Fassade dienen, wurden in der Ziegelei von Petzow gebrannt.

Park und Schloß Neuhardenberg. Der Staatskanzler Karl August Fürst von Hardenberg ließ 1820 bis 1822 sein Landschloß von dem Architekten Schinkel zu einem stattlichen Palais ausbauen. Der Gartenarchitekt Lenné legte unter Mitsprache von Fürst Pückler-Muskau den weitläufigen Landschaftsgarten an.

Das eigentliche Dorf, dessen einstöckige Gebäude dicht an dicht an der schnurgeraden Straße stehen, die Kirche und das Schloß, Schloß und Kirche verbindet, ist klein. Aber es hat sogar eine Gaststätte, sie heißt «Fontane-Klause». Theodor Fontane widmete in seinen «Wanderungen durch die Mark Brandenburg» dem Dorf Petzow sieben Seiten. Bei meinem letzten Besuch traf ich in dem Lokal einen alten Bekannten. «Wie gehts dich?» fragte er. «Wie siehts aus mit das Biecherschreibn?» Ich hatte ihn in Werder kennengelernt, der benachbarten Kleinstadt. Er schwärmte von der eben beendeten «Baumblüte», die leider nicht mehr wie früher sei, aber trotzdem noch prima. Er meinte das dortige große Volksfest, das einst die Berliner und Potsdamer in großen Scharen anlockte. Zum Promenieren unter Kirschbäumen, zum Obstweintrinken und zu allen denkbaren Vergnügungen sonst. Dieses Jahr will ich es endlich kennenlernen.

Der Aufstieg Potsdams

Nachdem ein Land Brandenburg wieder beschlossene Sache war, hat es aus Mangel an Mitbewerberinnen kaum Zweifel über die künftige Hauptstadt gegeben. Die alte wurde die neue. 1701 hatte Kurfürst Friedrich III., inzwischen König Friedrich I. (1657–1713), Potsdam neben Berlin zur zweiten brandenburgischen, nunmehr preußischen Residenzstadt gemacht. Als Potsdam irgendwann im ersten Drittel des 19. Jahrhunderts die ehemalige kurmärkische Regierung aufnahm, die wie die preußische in Berlin gesessen hatte, war es damit zur eigentlichen Hauptstadt Brandenburgs geworden, der Provinz Brandenburg, wie die offizielle Bezeichnung zu dieser Zeit lautete.

Potsdam hat in der Frühphase seiner Entwicklung nicht viel von sich reden gemacht. Eine unbedeutende märkische Stadt, die mit Feuersbrünsten zu kämpfen hatte und vielfach von der Pest heimgesucht wurde. Nach dem Dreißigjährigen Krieg (1618–1648) mit seinen Verwüstungen zählte man nur noch einige hundert Einwohner in der Stadt.

Fortsetzung Seite 99

Die Dorfkirche von Neuhardenberg, das von 1949 bis 1990 Marxwalde hieß, baute Schinkel 1815 bis 1817 im klassizistischen Stil um. Der merkwürdige ovale Turmaufsatz macht den Bau zu einem Unikum. Im Inneren befindet sich in einem Schrein das mumifizierte Herz des Staatskanzlers Fürst von Hardenberg.

Das Oderbruch nordöstlich von Bad Freienwalde. Die Bruch oder Luch genannten Sumpflandschaften entstanden in den Überschwemmungsgebieten der Flüsse. Am jenseitigen Ufer der Oder liegt Polen.

Einer der abwechslungsreichsten und schönsten Landstriche Brandenburgs ist die Märkische Schweiz mit ihren Sandhügeln, Schluchten, Bächen, Mooren und Seen. Einer von ihnen ist der Schermützelsee bei Buckow. Die gesamte Märkische Schweiz ist Landschaftsschutzgebiet.

Der Große Müggelsee wird auch die «Badewanne Berlins» genannt. Die romantische Abendstimmung täuscht darüber hinweg, daß der See wie manch anderer durch Industrieabwässer erheblich verschmutzt, und von Wochenendurlaubern übervölkert ist.

Schon Fontane nannte Buckow am jenseitigen Ufer des Schermützelsees «die Perle der Märkischen Schweiz». Literarischen Ruhm erlangte der vielbesuchte Ausflugsort durch die «Buckower Elegien» Bertolt Brechts, der hier mit seiner Frau Helene Weigel 1952 eine Villa bezog.

Nächste Doppelseite: Frankfurt an der Oder, einst bedeutende Handelsstadt, dann Industriezentrum, wurde im April 1945 fast völlig zerstört. – Links die Marienkirche.

Kleine, schmucke Ansiedlungen an schnurgeraden Straßen, Dämmen und Gräben, dazu Weiden und Pappelzeilen prägen die grünen Weiten des Oderbruchs.

Schon Friedrich II. ließ das Sumpfgebiet kolonisieren, entwässern und kultivieren. Heute ist das Oderbruch ein fruchtbares Weideland und Ackerbaugebiet.

Die Oder bei dem Ort Zollbrücke, östlich von Wriezen. Ein melancholischer Reiz zeichnet diese Landschaft aus, von der Friedrich II. stolz sagen konnte, er habe durch ihre Kultivierung eine Provinz ohne Krieg erobert.

Gehöft bei Zollbrücke im Oderbruch. Hier lebt man hauptsächlich vom Weizen- und Gemüseanbau.

Ehemalige Klosterkirche am Markt von Bad Freienwalde. In früheren Zeiten war Freienwalde ein bekannter Bade- und Kurort, in dem schon der Große Kurfürst sein Rheuma zu lindern suchte. Noch Theodor Fontane konnte schreiben: «Freienwalde ist eine Bergstadt, aber nicht minder ist es ein Badeort, eine Fremdenstadt.» In den vergangenen Jahrzehnten jedoch versank Freienwalde ein wenig in Dornröschenschlaf.

Der Aufstieg Potsdams begann in der Regierungszeit des Kurfürsten Friedrich Wilhelm, der das Stadtschloß umbauen und erweitern ließ. Das Judenedikt von 1671 erlaubte den Wiener Juden, das Edikt von Potsdam vierzehn Jahre später vertriebenen französischen Hugenotten die Ansiedlung. Der Zuwachs erfahrener Handwerker und Kaufleute war willkommen. Friedrich Wilhelm war jener Herrscher, der die zentrale Verwaltung der brandenburgischen Ländereien durchzusetzen begann, das Geld- und Münzwesen zu ordnen versuchte und ein stehendes Heer aufbaute, das anfangs klein war, aber beim Tod des Kurfürsten schon 30 000 Mann umfaßte. Von seinen Träumen waren ohne Zweifel einige in Erfüllung gegangen. Es entstand zum Beispiel eine schiffbare Verbindung zwischen Spree und Oder – der Müllroser Kanal. Unerfüllt blieben erklärlicherweise die Träume von Seehäfen für Brandenburg und von einer Flotte.

Seit 1713 wurde Potsdam zur Garnisonstadt ausgebaut. Das war der Wille eines weiteren Friedrich Wilhelm. Der Anschaulichkeit halber und um Verwechslungen vorzubeugen, nennt man König Friedrich Wilhelm I. den Soldatenkönig. Er, der ständig eine Uniform trug, befahl die Errichtung einer ersten Potsdamer Neustadt, ließ eine Gewehrmanufaktur errichten und ein großes Militärwaisenhaus. Bald wurde mit dem Bau einer zweiten Neustadt begonnen. Friedrich Wilhelm I. verkörperte viel von dem, was man später als Preußentum bezeichnete. Er war ein unduldsamer Alleinherrscher, der das Kommandieren und Exerzieren liebte. Unter seiner Ägide kam es allmählich zur Militarisierung der meisten Bereiche des öffentlichen Lebens. 80 Prozent aller Staatsausgaben verschlang das Heer. Das «Lieblingsspielzeug» des Soldatenkönigs war seine bekannte Leibgarde der «langen Kerls». Die Kriege aber hat er seinen Nachfolger führen lassen.

Zwischen 1745 und 1747 bekam Potsdam ein neues Schloß. Sein Bauherr, Friedrich II., nannte es Sanssouci, was soviel wie «Ohne Sorge» heißt. Da ihm der Ort vorzüglich gefiel, ließ er ganz in der Nähe noch das Neue Palais errichten. Auf der gegenüberliegenden Seite der Stadt wuchs die Weberkolonie Nowawes (jetzt Babelsberg) aus dem Sandboden, die den nie versiegenden Bedarf an Stoffen für Livreen und besonders für Uniformen decken sollte. Obwohl mit Friedrich II. ein Mann den Thron bestiegen hatte, der ein Feingeist war, komponierte, Flöte spielte, sich mit klugen Männern umgab und philosophische Schriften verfaßte, wuchs unter ihm die Stärke des brandenburgisch-preußischen Heeres bis auf 200 000 Mann an. Er führte vier Kriege. Seine größte Eroberung war Schleswig, das er den Österreichern und in Teilen den Polen abjagte. Er reformierte das Rechtswesen (beispielsweise wurde die Folter abgeschafft), belebte die Akademie der Wissenschaften wieder und setzte sich, wie schon seine Vorgänger, für religiöse Toleranz ein.

Die genannten Herrscher verkörpern ganz gewiß einen Höhepunkt der brandenburgisch-preußischen Monarchie. Nach ihnen hat Potsdam noch zahlreiche andere gesehen, aber deren Stern konnte nicht mehr uneingeschränkt hell leuchten. Es hatte das bürgerliche, das industrielle Zeitalter begonnen. So machte die Residenz-, Militär- und Beamtenstadt schon 1838, nach Fertigstellung einer Strecke von Berlin her, mit der Eisenbahn Bekanntschaft und erhielt noch im selben Jahr auch Eisenbahnwerkstätten.

Anfang des 19. Jahrhunderts setzte es sich durch, die brandenburgisch-preußische Monarchie nur noch als preußische zu bezeichnen. Brandenburg nahm sich zurück, es begnügte sich damit, nur Teil eines größeren Ganzen zu sein. Zuerst kam Preußen. Der Name Brandenburg bezeichnete wieder, wie es früher schon der Fall gewesen war, nur die alte Mark. Die Mark konnte ihre Eigenständigkeit lange wahren und sich von Berlin aus, das zur preußischen Hauptstadt geworden war und später bekanntlich zur deutschen wurde, selbst regieren. Dann aber kam die ehemalige kurmärkische Regierung nach Potsdam, und Potsdam wurde faktisch die Hauptstadt der Mark, nunmehr der Provinz Brandenburg des Königreichs Preußen. Ob die Hohenzollernkaiser zwischen 1871 und dem Revolutionsjahr 1918, die formell auch preußische Könige und brandenburgische Kurfürsten waren, sich als Brandenburger verstanden, ist ungewiß. Aber immer waren sie von brandenburgischer Landschaft umgeben, wenn sie ihren Staatsgeschäften nachgingen. Irgendwo habe ich gelesen: «Brandenburg webte sich in alles hinein.»

«Ob du reisen sollst, so fragst du, reisen in der Mark?»*

Brandenburg in Erzählungen und Berichten

Briefe des Königs

An Charles Etienne Jordan. Ich bin jetzt auf unsere Sicherheit bedacht und bereite alles vor, um den nächsten Feldzug mit Erfolg führen zu können ... Ich liebe den Krieg um des Ruhmes willen; aber wenn ich nicht Fürst wäre, würde ich nur Philosoph sein. Schließlich muß in dieser Welt jeder sein Handwerk betreiben, und ich besitze die Grille, nichs halb thun zu wollen.

Ob tot oder lebendig, vergiß mich nicht und sei überzeugt, daß ich, obwohl aus einem Philosophen zum Krieger geworden, dich doch darum nicht weniger schätze im Grunde meines Herzens.

Friedrich II., 1741

An die Kurmärkische Kammer. Dieweil bishero verschiedene Beamte die Bauern mit Stockschlägen übel tractiret haben, Wir aber dergleichen Tyrannei gegen die Untertanen durchaus nicht gestatten wollen, so wollen Wir, daß, wenn forthin bewiesen werden kann, daß er einen Bauern mit dem Stock geschlagen habe, ersterer sodann deshalb alsofort und ohne einige Gnade auf sechs Jahr zur Vestung gebracht werden soll, wenn auch schon der gleiche Beamte der beste Bezahler war und seine Pacht pränumerirte.

Ihr habt demnach dieses denen Beamten gehörig zu insinuiren und bekannt zu machen, auch wenn forthin der Fall eintreten sollte, daß ein Beamter einen Untertan geschlagen, alsdann vor letzteren wider den Beamten Partie zu nehmen.

Friedrich II., 1749

Um vier Uhr in Sanssouci

Am zweiten Tage darauf erhielt ich einen Brief mit der Unterschrift Frédéric; man bestätigte mir den Empfang meines Briefes und teilte mir mit, daß der König sich um vier Uhr im Park von Sanssouci befinden würde.

Wie man sich denken kann, war ich pünktlich zur Stelle. In einen einfachen schwarzen Anzug gekleidet, begab ich mich um drei Uhr nach Sanssouci. [...] Ich befand mich seit einigen Augenblicken im Park, als ich ihn mit seinem Vorleser und einer hübschen Windhündin erscheinen sah.

Sobald er mich bemerkte, ging er auf mich zu, nahm seinen alten Hut ab, nannte meinen Namen und fragte mich in barschem Ton, was ich von ihm wollte. Überrascht von diesem Empfang, konnte ich zuerst kein Wort hervorbringen; ich sah ihn nur an, ohne ihm zu antworten.

«Nun, so sprechen Sie doch! Haben Sie mir denn nicht geschrieben?»

«Ja, Sire; aber ich erinnere mich an nichts mehr. Ich konnte wohl glauben, daß die Majestät eines Königs mich nicht blenden würde! Doch in Zukunft soll mir dies nicht wieder begegnen. Mylord Marishal hätte mich warnen sollen.»

«Er kennt Sie also? Wir wollen ein wenig gehen. Worüber wollen Sie mit mir sprechen? Was sagen Sie zu meinem Park?»

Während er mich fragt, worüber ich mit ihm sprechen wolle, befiehlt er mir zugleich, mein Urteil über seinen Park zu sagen! Jedem anderen hätte ich geantwortet, daß ich nichts davon verstände; aber da der König geruhte, mich für einen Kenner zu halten, so

* Theodor Fontane, 1864

Schräg gegenüber der Stadtkirche St. Nikolai in Bad Freienwalde steht das ehemalige Freihaus aus dem 18. Jahrhundert. Hier befindet sich das Oderland-Museum, das anschaulich die Kolonisierung und Urbarmachung des Oderbruchs dokumentiert.

Um zu zeigen, wie allgegenwärtig im Spreewald das Wasser ist, durfte es auch beim Strümpfestricken nicht fehlen (Foto um 1910). Tourismus gibt es im Spreewald seit mehr als hundert Jahren. 1889 heißt es in einem Buch über die Region, daß der «Spreewaldverein» bereits «einige Jahre» alt sei, und ist die Rede von Kahnführern und Gasthäusern.

Seit dem 18. Jahrhundert leben die Spreewälder vor allem vom Gemüseanbau und -handel. Manchen gilt ihr Meerrettich als der beste der Welt. Berühmt sind auch die Spreewälder Zwiebeln und vor allem die Gurken, die hier in Lübbenau nach der Ernte zum Einlegen vorbereitet werden (Foto von 1930).

Heuschober im Spreewald (Foto aus den zwanziger Jahren). Die Zwiebelform läßt den Regen gut ablaufen. 1796 schrieb Goethe in einer Parodie auf den dichtenden märkischen Pastor Schmidt (1764 bis 1838): «Uns beschäftigt nicht der Pfauen, Nur der Gänse Lebenslauf; Meine Mutter zieht die grauen, Meine Frau die weißen auf.»

Gurkenmarkt im Spreewaldort Lübbenau (Foto um 1927). «Land der sauren Gurke», spötteln die Jugendlichen heute. Mit Hoffen auf eine wirtschaftliche Steigerung und Bangen wegen der drohenden Umweltzerstörung sehen die Einheimischen gegenwärtig dem wachsenden Tourismus entgegen.

Die vielen Seen und Kanäle in Brandenburg wurden auch zur Winterzeit – aus Notwendigkeit oder aus Vergnügen – genutzt: – Oben links: Winteridyll (Foto von 1916). – Oben rechts: Havelfischer auf dem zugefrorenen Schwielowsee bei Potsdam (Foto um 1925). Unten links: Spreewälderinnen auf Schlittschuhen (Foto von 1904). – Unten Mitte: Mitglieder des Berliner Schlittschuhclubs auf einem Fließ (Foto von 1904). – Unten rechts: Leichenzug (Foto von 1932).

Im 6./7. Jahrhundert wanderten die westslawischen Sorben (auch Wenden genannt) in die Niederlausitz ein und fanden später im Spreewald Zuflucht. Ihre Nachkommen wohnen teilweise heute noch dort. Die Röcke der sorbischen Tracht, hier von Mädchen und Frauen beim Vorbereiten des Weihnachtsschmucks getragen, können bis zu sechs Kilogramm wiegen (Foto von 1936).

hätte es ausgesehen, wie wenn ich ihm unrecht geben wollte, und das verzeiht ein König niemals, selbst wenn er ein Philosoph ist. Auf die Gefahr hin, einen schlechten Geschmack zu zeigen, antwortete ich daher, ich fände den Garten prachtvoll.

«Aber der Park von Versailles ist doch viel schöner.»

«Allerdings Sire, aber hauptsächlich wegen der Wasserkünste.»

«Ganz recht; aber das ist nicht meine Schuld: hier gibt es kein Wasser. Ich habe mehr als dreihunderttausend Taler ausgegeben, um Wasser zu bekommen; aber ohne Erfolg.»

«Dreihunderttausend Taler, Sire! Wenn Eure Majestät die ganze Summe auf einmal ausgegeben hätten, müßte Wasser da sein.»

«Ah, ich sehe, Sie sind Ingenieur, der sich mit Hydraulik befaßt.»

Hätte ich ihm sagen sollen, daß er sich täuscht? Ich fürchtete ihm zu mißfallen und senkte nur den Kopf; das hieß weder ja noch nein. Glücklicherweise dachte der König nicht daran, mit mir über diesen Gegenstand zu sprechen [...].

Während wir gingen, drehte er fortwährend den Kopf nach rechts und nach links; er fragte mich, welche Streitkräfte Venedig im Kriegsfalle zu Wasser und zu Lande habe. Hier befand ich mich, Gott sei Dank, auf sicherem Boden!

«Zwanzig Schlachtschiffe, Sire, und eine große Menge Galeren.»

«Und wieviele Landtruppen?»

«Siebzigtausend Mann, Sire; lauter Untertanen der Republik, auf jedes Dorf nur einen einzigen Mann gerechnet.»

«Das ist nicht wahr. Sie wollen mich wohl zum Lachen bringen, indem Sie mir derartige Fabeln erzählen? Aber Sie sind sicherlich ein Finanzmann. Sagen Sie mir, was Sie von der Steuer halten?»

Es war die erste Unterredung, die ich mit einem König hatte. Es kam mir vor, wie wenn ich eine Szene in einer italienischen Komödie zu spielen hätte, wo der Schauspieler zu improvisieren hat und, wenn er stecken bleibt, sofort ausgepfiffen wird. Ich legte also

Als das Wasser noch nicht aus der Leitung kam: Alte Bäuerin beim Wasserholen. In Zächerich im Oderbruch (Foto um 1910).

mein Gesicht in würdige Falten und antwortete dem stolzen Herrscher, ich könnte über die Theorie der Steuer sprechen.

«Das will ich ja gerade; denn die Praxis geht Sie nichts an.»

«Im Hinblick auf die Wirkungen sind drei Arten von Steuern zu unterscheiden: die eine ist verderblich; die zweite leider notwendig, die dritte stets ausgezeichnet.»

«Gut so. Nur weiter!»

«Die verderbliche Steuer ist die königliche; die notwendige ist die militärische; die ausgezeichnete ist die Steuer, die dem Volk zugute kommt.»

Da ich über das Thema nicht vorher nachgedacht hatte, so warf ich einige Gedanken hin, wie sie mir gerade in den Sinn kamen; dabei mußte ich aber doch vorsichtig sein und mich hüten, Unsinn zu sprechen. Ich fuhr fort:

«Die königliche Steuer, Sire, ist diejenige, die die Börsen der Untertanen erschöpft, um die Geldkisten des Herrschers zu füllen.»

«Und diese Steuer ist stets verderblich, sagen Sie?»

«Stets, Sire; denn sie schadet dem Geldumlauf, der die Seele des Handels und die Stütze des Staates ist.»

«Aber Sie finden die Steuer notwendig, die zur Unterhaltung der Heere dient?»

«Sie ist leider notwendig. Leider – denn der Krieg ist ein Unglück.»

«Das kann wohl sein; und die Steuer, die dem Volk dient?»

«Diese ist stets ausgezeichnet; denn der König nimmt seinen Untertanen mit der einen Hand und gibt ihnen mit der anderen; dadurch erzieht er sie zu gemeinnützigem Denken. [. . .]»

«Es liegt etwas Wahres darin. Sie kennen ohne Zweifel Casalbigi?»

«Ich muß ihn wohl kennen, Sire; denn vor sieben Jahren haben wir beide zusammen die Genueser Lotterie in Paris eingeführt.»

«Und zu welcher der drei Arten rechnen Sie diese Steuer? Denn Sie werden mir zugeben, daß die Lotterie eine Steuer ist.»

«Gewiß, und zwar keine von den unbedeutendsten. Es ist eine Steuer von der guten Art, wenn der König die Erträgnisse zu nützlichen Ausgaben verwendet.»

«Aber der König kann daran verlieren.»

«Einmal auf fünfzig.»

«Ist dies das Ergebnis einer sicheren Berechnung?»

«Einer so sicheren, Sire, wie alle nationalökonomischen Berechnungen sind.»

«Diese sind oft fehlerhaft.»

«Niemals, Sire, wenn Gott neutral bleibt.»

«Warum wollen Sie Gott hineinmischen?»

«Nun, dann also das Schicksal oder der Zufall, Sire.»

«Das lasse ich gelten. Übrigens denke ich vielleicht wie Sie über Wahrscheinlichkeitsrechnungen; aber Ihre Genueser Lotterie liebe ich nicht. Sie scheint mir eine richtige Gaunerei zu sein, und ich möchte nichts von ihr wissen, selbst wenn ich die tatsächliche Sicherheit hätte, daß ich niemals verlieren könnte.»

«Eure Majestät denken wie ein Weiser; denn das unwissende Volk kann nur in der Lotterie spielen, wenn es sich von einem blinden und ungerechtfertigten Vertrauen hinreißen läßt.»

Nach diesem etwas zusammenhanglosen Dialog, der dem hohen Geiste des erlauchten Herrschers alle Ehre machte, brachte er das Gespräch noch auf verschiedene Themata, aber er fand mich um die Antworten nicht verlegen. Als wir bei einem Rundtempel mit doppelter Säulenreihe angekommen waren, blieb er vor mir stehen, sah mich vom Kopf bis zu den Füßen an und sagte nach einigen Sekunden: «Wissen Sie, Sie sind ein sehr schöner Mann.»

«Ist es möglich, Sire, daß Eure Majestät nach einer langen wissenschaftlichen Unterhaltung an mir den geringsten der Vorzüge bemerken können, durch die Ihre Grenadiere sich auszeichnen?»

Fortsetzung Seite 119

Rund 60 000 Sorben, Nachfahren eines slawischen Stammes, der im 6./7. Jahrhundert einwanderte, leben noch heute in der Nieder- und Oberlausitz. Fast ein Jahrtausend lang unterdrückt und verfolgt, wurden sie in der DDR als gleichberechtigte Minderheit anerkannt, durften ihre Kultur und ihr Brauchtum pflegen. Diese sorbische Trachtengruppe nimmt an den Spreewald-Festspielen in Lübbenau teil. Im Hintergrund das klassizistische Schloß der Grafen von Lynar.

Einmalig in Mitteleuropa ist die Flußinsellandschaft des Spreewalds. Sie entstand durch die Verästelung der Spree und ihrer Nebenarme in mehrere hundert «Fließe». Auf den bewaldeten Inseln, den «Kaupen», liegen Streusiedlungen. Fast drei Millionen Besucher strömen jeden Sommer in den Spreewald; dennoch kann der Kundige einen Ort der Ruhe finden, wie hier auf dem Lehder Graben.

Lehde gilt, obwohl inzwischen Stadtteil von Lübbenau, immer noch als der schönste Spreewaldort. Für die Bewohner des Spreewalds ist der Kahn ein unersetzliches Fortbewegungs- und Transportmittel, etwa, um die Ernte einzubringen.

«Nur selten treibt ein mit frischem Heu beladener Kahn an uns vorbei, und Burschen handhaben das Ruder mit großem Geschick» (Theodor Fontane, 1859). Auf dem Lehder Hechtgraben.

Gurken, Meerrettich und Zwiebeln sind berühmte Spezialitäten des Spreewälder Gemüseanbaus. Früher hieß es: «Was klart den Kopf bei Mann und Frau? Saure Gurken aus Lübbenau.» Heute brauchen die Einheimischen einen klaren Kopf, um sich auf die veränderte Marktlage einzustellen und nicht auf ihren sauren Gurken sitzenzubleiben.

Doppelseite 114/115: «Ein niedriges und gewölbtes Laubdach über uns, so gleiten wir im Boot die Straße hinauf», schrieb Theodor Fontane 1859.

GURKEN, HECHT UND HEFEPLINSEN

Spezialitäten aus dem Spreewald

Die schwarze Spreewalderde sieht aus und faßt sich an wie Blumentopferde. Verrottetes Laub, Tierexkremente und die Nährstoffe in dem immer wieder die Wiesen überschwemmenden Wasser haben sie ohne künstliche Düngung zu einem idealen Nährboden für viele Gemüsesorten gemacht. Neben der Gurke werden insbesondere Zwiebeln, Meerrettich, Kürbis und Sellerie im Spreewald angebaut, in den sandigen Randgebieten auch Spargel. Bevor die Eisenbahn hier Einzug hielt, brachten die Bauern ihre Produkte mit der Schubkarre oder dem Kahn nicht nur auf die Märkte von Lübben und Lübbenau, sondern auch bis nach Cottbus, Berlin oder gar Dresden.

Sie fanden reichlich Abnehmer, ob ihr Gemüse nun frisch oder «verarbeitet» war, was vor den Segnungen der Konservierungsstoffchemie «eingelegt» und damit längerfristig haltbar gemacht bedeutete.

Berühmtester kulinarischer Exportschlager des Spreewalds ist zweifellos die Gurke. Sie wird traditionell in verschiedenster Weise eingelegt und bietet als Gewürz-, Senf-, Pfeffer- und saure Gurke für jeden Gaumen etwas – und dabei ist sie doch eher zufällig am Anfang des 18. Jahrhunderts von niederländischen Kolonisten mit in die neuen Gemüsegärten zwischen den Fließen gebracht worden. Als man in Berlin vom erfolgreichen Anbau und der Schmackhaftigkeit der Spreewaldgurke erfuhr, ärgerte man sich dort weidlich über den daraus resultierenden wirtschaftlichen Aufschwung der damals zu Sachsen gehörenden Gebiete. Der pragmatisch denkende Soldatenkönig Friedrich Wilhelm I., ohnehin mit der «inneren Kolonisation» seiner Spreewälder Besitzungen beschäftigt, begann sofort damit, den Gemüseanbau generalstabsmäßig zu organisieren und hierfür auch seinem Fürstenkollegen August dem Starken die Bauern aus den sächsischen Regionen abzuwerben. Das wiederum wurde nach Dresden gemeldet, wo man nun ebenfalls versuchte, Untertanen für den offensichtlich profitablen Gemüseanbau zu gewinnen. So wurde diese «Gurkenkrise» Gegenstand diplomatischen Schlagabtausches und hat zu der sprichwörtlich profunden Säuernis zwischen Preußen und Sachsen beigetragen.

So reich wie an Gemüse war der Spreewald früher auch an Fischen – im vorigen Jahrhundert konnte man angeblich die Krebse noch mit dem Spaten aus dem Wasser schaufeln. Heute muß man den Hecht, ehemals obligatorisch für jeden Spreewaldausflügler, sehr teuer bezahlen, und das nicht nur, weil die unbedingt dazugehörige Spreewaldsoße in der Herstellung Fingerspitzengefühl erfordert: Ein kräftiger Fond aus Fischabfällen und Wurzelgemüsen wird hergestellt, mit Butter und Sahne eingedickt, vorsichtig mit Dill und Zitrone abgeschmeckt – und zum Schluß sollte noch etwas abgebräunte Butter hinzukommen.

Neben den traditionellen Fisch- und Wildgerichten gehört auch das «Hochzeitsessen» auf eine Spreewald-Speisekarte, das längst nicht mehr nur zu diesem festlichen Anlaß serviert wird: Gekochtes Rindfleisch mit dem unvergleichlich guten und scharfen Meerrettich der Region. Eine andere Spezialität ist sogar sprichwörtlich geworden: «Was macht den Spreewälder stark / Pellkartoffeln, Leinöl und Quark!» Gerechtes Lob für eine Köstlichkeit, die preisgünstig ist und so gesund, daß sie das Herz jedes Ernährungsexperten höher schlagen läßt. Was man von der zwischen den Fließen ebenfalls heißgeliebten Grützwurst nicht unbedingt sagen kann – in die gehören nämlich außer Gerstengrütze, Zwiebeln und Thymian auch noch Schweinskopf und kalorienhaltiges Bauchfleisch. Wer die Wurst am besten stopft, darüber gehen die Meinungen von Ort zu Ort auseinander – aber heimisches Sauerkraut gehört dazu! Zum Kaffee oder als Dessert braucht der Spreewälder seine Plinsen aus Hefeteig, mit zerlassener Butter, Zimt und Zucker. Und wenn man während des Essens auch gut einen der schmackhaften Säfte aus Spreewaldobst trinken kann, so empfiehlt sich zum Schluß doch etwas Kräftiges: Ein Spreewaldbitter mit vielen Kräutern oder ein kühler Cottbuser Korn. Beide kann man sich gut als Erinnerung an den Spreewald mit nach Hause nehmen – aber ein paar Gläser mit eingelegten Gurken tun's natürlich ebenso. *Jochen Kuke*

Links oben: Vorsichtig staken muß dieser Bauer, um seine Kürbisernte wohlbehalten über die Fließe zu bringen (Foto von 1927).

Links unten: Gurkenmarkt in Lübbenau (Postkarte um 1910).

Oben: Auf den Cottbuser Markttagen wird Selbstgezogenes verkauft (Foto um 1930).

Rechts: In Boblitz bei Lübbenau wird Spreewaldgemüse verarbeitet und konserviert (Foto um 1900).

Für jeden Geschmack etwas bietet die Palette der gesunden Köstlichkeiten, die in der fruchtbaren Spreewalderde so gut gedeihen.

Feldarbeit bei der ursprünglich sorbischen Ortschaft Burg, die aus den ehemals selbständigen Ortsteilen Burg, Burg-Kauper und Burg-Kolonie besteht. Die Anlage Burg-Kolonie ließ Friedrich II. anlegen. Er förderte ab 1763 die Niederlassung österreichischer, böhmischer, schlesischer und sächsischer Siedler im Spreewald.

Manches, was Städter idyllisch anmutet, war den Einheimischen als unfreiwillige Rückständigkeit eher beschwerlich.

Karg ist die Mark Brandenburg in mancher Region – ganz anders das Niederungsland des Spreewalds. Davon zeugt dieses Bauernhaus in Lehde. Theodor Fontane schrieb: «Man kann nichts Lieblicheres sehen, als dieses Inseldorf, das aus ebenso vielen Eilanden besteht, als es Häuser hat … Jedes Bauernhaus ist ein abgeschlossenes Ganzes, das in der Umzäunung seiner Gräben daliegt wie eine Friedensburg.»

Kahnfahrten gehören zu den beliebtesten Touristenattraktionen im Spreewald. Sie nehmen meist ihren Ausgang vom großen Kahnfährhafen in Lübbenau.

Der König lächelte fein, aber freundlich und gütig und sagte dann zu mir: «Da Lord Keith Sie kennt, werde ich mit ihm über Sie sprechen.»

Hierauf nahm er seinen Hut ab – mit dieser Höflichkeit geizte er überhaupt gegen keinen Menschen – und grüßte mich. Ich machte ihm eine tiefe Verbeugung und entfernte mich.

Drei oder vier Tage darauf machte Lord Marishal mir die angenehme Mitteilung, daß ich dem König gefallen hätte und daß Seine Majestät daran dächte, mir irgendeine Anstelle zu geben.

Giacomo Casanova, 1765

Michael Kohlhaas

(Aus einer alten Chronik)
An den Ufern der Havel lebte, um die Mitte des sechzehnten Jahrhunderts, ein Roßhändler, namens Michael Kohlhaas, Sohn eines Schulmeisters, einer der rechtschaffensten zugleich und entsetzlichsten Menschen seiner Zeit. – Dieser außerordentliche Mann würde, bis in sein dreißigstes Jahr für das Muster eines guten Staatsbürgers haben gelten können. Er besaß in einem Dorfe, das noch von ihm den Namen führt, einen Meierhof, auf welchem er sich durch sein Gewerbe ruhig ernährte; die Kinder, die ihm sein Weib schenkte, erzog er, in der Furcht Gottes, zur Arbeitsamkeit und Treue; nicht einer war unter seinen Nachbarn, der sich nicht seiner Wohltätigkeit, oder seiner Gerechtigkeit erfreut hätte; kurz, die Welt würde sein Andenken haben segnen müssen, wenn er in einer Tugend nicht ausgeschweift hätte. Das Rechtgefühl aber machte ihn zum Räuber und Mörder.

Er ritt einst, mit einer Koppel junger Pferde, wohlgenährt alle und glänzend, ins Ausland, und überschlug eben, wie er den Gewinst, den er auf den Märkten damit zu machen hoffte, anlegen wolle: teils, nach Art guter Wirte, auf neuen Gewinst, teils aber auch auf den Genuß der Gegenwart: Als er an die Elbe kam, und bei einer stattlichen Ritterburg, auf sächsischem Gebiete, einen Schlagbaum traf, den er sonst auf diesem Wege nicht gefunden hatte.

Er hielt, in einem Augenblick, da eben der Regen heftig stürmte, mit den Pferden still und rief den Schlagwärter, der auch bald darauf, mit einem grämlichen Gesicht, aus dem Fenster sah. Der Roßhändler sagte, daß er ihm öffnen solle. Was gibts hier Neues? fragte er, da der Zöllner, nach einer geraumen Zeit, aus dem Hause trat. Landesherrliches Privilegium, antwortete dieser, indem er aufschloß: Dem Junker Wenzel von Tronka verliehen. – So, sagte Kohlhaas. Wenzel heißt der Junker? und sah sich das Schloß an, das mit glänzenden Zinnen über das Feld blickte. Ist der alte Herr denn tot? – Am Schlagfluß gestorben, erwiderte der Zöllner ihm, indem er den Baum in die Höhe ließ. – Hm! Schade! versetzte Kohlhaas. Ein würdiger alter Herr, der seine Freude am Verkehr der Menschen hatte, Handel und Wandel, wo er nur vermochte, forthalf, und einen Steindamm einst bauen ließ, weil mir eine Stute, draußen, wo der Weg ins Dorf geht, das Bein gebrochen. Nun! Was bin ich schuldig? – fragte er; und holte die Groschen, die der Zollwärter verlangte, mühselig unter dem im Winde flatternden Mantel hervor. «Ja, Alter», setzte er noch hinzu, da dieser: Hurtig! hurtig! murmelte, und über die Witterung fluchte: «Wenn der Baum im Walde stehen geblieben wäre, wärs besser gewesen, für mich und Euch»; und damit gab er ihm das Geld und wollte reiten. Er war aber noch kaum unter den Schlagbaum gekommen, als eine neue Stimme schon: Halt dort, der Roßkamm! hinter ihm vom Turm erscholl, und er den Burgvogt ein Fenster zuwerfen und zu ihm herabeilen sah. Nun, was gibts Neues? fragte Kohlhaas bei sich selbst, und hielt mit den Pferden an. Der Burgvogt, indem er sich noch eine Weste über seinen weitläufigen Leib zuknüpfte, kam, und fragte, schief gegen die Witterung gestellt, nach dem Paßschein. Kohlhaas fragte: Der Paßschein? Er sagte, ein wenig betreten, daß er, soviel er wisse, keinen habe; daß man ihm aber nur beschreiben möchte, was dies für ein Ding des Herrn sei: So werde er vielleicht zufälligerweise damit versehen sein. Der Schloßvogt,

Inmitten von Buchenwäldern liegt Kloster Chorin, eines der bedeutendsten Bauwerke der Backsteingotik Brandenburgs. Die Zisterzienser-Abtei, 1273 gegründet, wurde nach der Reformation aufgelöst. Im 19. Jahrhundert als Denkmal wiederentdeckt, ließ König Friedrich Wilhelm IV. die Ruine von dem Architekten Schinkel vor weiterem Verfall sichern (siehe auch Seite 36).

indem er ihn von der Seite ansah, versetzte, daß ohne einen landesherrlichen Erlaubnisschein, kein Roßkamm mit Pferden über die Grenze zulassen würde. Der Roßkamm versicherte, daß er siebzehn Mal in seinem Leben, ohne einen solchen Schein, über die Grenze gezogen sei; daß er alle landesherrlichen Verfügungen, die sein Gewerbe angingen, genau kennte; daß dies wohl nur ein Irrtum sein würde, wegen dessen er sich zu bedenken bitte, und daß man ihn [. . .] nicht länger unnützer Weise hier aufhalten möge. Doch der Vogt erwiderte, daß er das achtzehnte Mal nicht durchschlüpfen würde, daß die Verordnung deshalb erst neuerlich erschienen wäre, und daß er entweder den Paßschein noch hier lösen, oder zurückkehren müsse, wo er hergekommen sei.

Der Roßhändler, den diese ungesetzlichen Erpressungen zu erbittern anfingen, stieg, nach einer kurzen Besinnung, vom Pferde, gab es einem Knecht, und sagte, daß er den Junker von Tronka selbst darüber sprechen würde.

Er ging auch auf die Burg; der Vogt folgte ihm, indem er von filzigen Geldraffern und nützlichen Aderlässen derselben murmelte; und beide traten, mit ihren Blicken einander messend, in den Saal . . .

Heinrich von Kleist, 1810

Amtlicher Verweis

Dem Unterthan ziemt es nicht, an die Handlungen des Staatsoberhauptes den Maßstab seiner beschränkten Einsicht anzulegen und sich in dünkelhaftem Uebermuthe ein öffentliches Urtheil über die Rechtmäßigkeit derselben anzumaßen; die Unterzeichner der Adresse hätten daher in dem Benehmen der göttinger Professoren nicht eine Vertheidigung der gesetzmäßigen Ordnung, sondern nur ein unziemliches Auflehnen, ein vermessenes Unternehmen erblicken sollen.

Gustav Adolf Rochus von Rochow, Minister des Innern, 1837

Beeindruckend ist die Schaufassade der Klosterkirche von Chorin. Schmale, langgezogene Fenster gliedern die Backsteinwand, die mit Rosetten, Friesen, Blendarkaden und kleinen Ziergiebeln geschmückt ist. Ganz bewußt sollte in Chorin durch die Verwendung ähnlicher Architekturformen der Bezug zum Kirchenbau des Mutterklosters Lehnin deutlich werden (siehe Seite 82).

Wanderungen durch die Mark Brandenburg

Ob du reisen sollst, so fragst du, reisen in der Mark? Die Antwort auf diese Frage ist nicht eben leicht. Und doch würde es gerade mir nicht anstehn, sie zu umgehen oder wohl gar ein «nein» zu sagen. So denn also «ja». Aber «ja» unter Vorbedingungen. Laß mich Punkt für Punkt aufzählen, was ich für unerläßlich halte.

Wer in der Mark reisen will, der muß zunächst Liebe zu «Land und Leuten» mitbringen, mindestens keine Voreingenommenheit. Er muß den guten Willen haben, das Gute gut zu finden, anstatt es durch krittliche Vergleiche tot zu machen.

Der Reisende in der Mark muß sich ferner mit einer feineren Art von Natur- und Landschaftssinn ausgerüstet fühlen. Es ist mit der märkischen Natur wie mit manchen Frauen. «Auch die häßlichste – sagt das Sprichwort – hat immer noch sieben Schönheiten.» Ganz so ist es mit dem «Lande zwischen Oder und Elbe»; wenige Punkte sind so arm, daß sie nicht auch ihre sieben Schönheiten hätten. Man muß sie nur zu finden verstehen. [...]

Drittens. Wenn du reisen willst, mußt du die Geschichte dieses Landes kennen und lieben. Dies ist gar unerläßlich. Wer nach Küstrin kommt und einfach das alte graugelbe Schloß sieht, das, hinter Bastion Brandenburg, mehr häßlich als gespensterhaft aufragt, wird es für ein Landarmenhaus halten und entweder gleichgültig oder wohl gar in ästhetischem Mißbehagen an ihm vorübergehen; wer aber weiß: «hier fiel Kattes Haupt; an diesem Fenster stand der Kronprinz», der sieht den alten unschönen Bau mit andern Augen an. – So überall. Wer, unvertraut mit den Großtaten unserer Geschichte, zwischen Linum und Hakenberg hinfährt, rechts das Luch, links ein paar Sandhügel, der wird sich die Schirmmütze übers Gesicht ziehen und in der Wagenecke zu nicken suchen; wer aber weiß, hier fiel Froben, hier wurde das Regiment Dalwigk in Stücke gehauen, dies ist das Schlachtfeld von Fehrbellin, der wird sich aufrichten im Wagen und Luch und Heide plötzlich wie in wunderbarer Beleuchtung sehen.

Viertens. Du mußt nicht allzusehr durch den Komfort der «großen Touren» verwöhnt und verweichlicht sein. [...]

Hast du nun aber alle diese Punkte reichlich erwogen, hast du, wie die Engländer sagen, «Deine Seele fertig gemacht» und bist du zu dem Resultat gekommen: «ich kann es wagen», nun denn, so wag' es getrost. Wag' es getrost und du wirst es nicht bereuen. [...] Du wirst Klosterruinen begegnen, von deren Existenz höchstens die nächste Stadt eine leise Kenntnis hatte; du wirst inmitten alter Dorfkirchen, deren zerbröckelter Schindelturm nur auf Elend deutete, große Wandbilder oder in den treppenlosen Grüften reiche Kupfersärge mit Kruzifix und vergoldeten Wappenschildern finden; du wirst Schlachtfelder überschreiten, Wendenkirchhöfe, Heidengräber, von denen die Menschen nichts mehr wissen, und statt der Nachschlagebuchs- und Allerweltsgeschichten, werden Sagen und Legenden und hier und da selbst die Bruchstücke verklungener Lieder zu dir sprechen. Das Beste aber, dem du begegnen wirst, das werden die Menschen sein. [...] Du wirst, wenn du heimkehrst, nichts Auswendiggelerntes gehört haben wie auf den großen Touren, wo alles seine Taxe hat; der Mensch selber aber wird sich vor dir erschlossen haben. Und das bleibt doch immer das Beste.

THEODOR FONTANE, 1864

Die Märker

Die Märker haben viele Tugenden, wenn auch nicht ganz so viele, wie sie sich einbilden, was durchaus gesagt werden muß, da jeder Märker ziemlich ernsthaft glaubt, daß Gott in ihm und seinesgleichen etwas ganz Besonderes geschaffen habe. So schlimm ist es nun nicht. Die Märker sind gesunden Geistes und unbestechlichen Gefühls, nüchtern, charaktervoll und anstellig, anstellig auch in Kunst, Wissenschaft und Religion, aber sie sind ohne rechte Begeisterungsfähigkeit und vor allem ohne rechte Liebenswürdigkeit. Auch ohne *Stammes*genie, – die Schwaben und Rheinländer haben entschieden mehr davon. Und was nun die vielzitierten militärischen Tugenden angeht, so mag ich über diese, die ja zweifellos existieren, nicht immer wieder wie über etwas einzig Dastehendes sprechen. Alle Stämme haben gute Soldaten und auch nicht, je nachdem. Man muß viel alte Militärs kennengelernt und ihren vertraulichen Mitteilungen gelauscht haben, um mit der Legende von der grenzenlosen Tapferkeit irgendwelches Komplexes von Menschen ein für allemal fertig zu sein. Wär' auch unnatürlich, wenn es anders wäre. Die Märker haben viel Pflichtgefühl und verstehen zu gehorchen und zu befehlen, und das ist besser als der «Mut ohne Ende».

Das Pflichtgefühl der Märker, ihr Lerntrieb, ihr Ordnungssinn, ihre Sparsamkeit – das ist ihr Bestes. Und das sind die Eigenschaften, wodurch sie's zu was gebracht haben. Im übrigen sind sie neidisch, schabernackisch und engherzig und haben in hervorragender Weise den ridikülen Zug, alles, was sie besitzen oder leisten, für etwas ganz Ungeheures anzusehen. Eine natürliche Folge früherer Ärmlichkeit, wo das Kleinste für wertvoll galt. Es gibt in der Mark bis diesen Tag zahllose Leute, die mit ihren 100 000 Mark ganz aufrichtig glauben, «sie kämen gleich nach Gould oder Vanderbilt». Was aber nicht ganz richtig ist, wenigstens nicht im Ausdruck, weil der echte Märker weder Gould noch Vanderbilt kennt, sondern alle Größen, wenn er vergleichen will, aus seiner eigenen Provinz und am liebsten aus seinem Kreise nimmt. Ja, es sind tüchtige, aber eingeengte Leute. Wenn sie einem eine Tasse Kaffee präsentieren, so rechnen sie *sich's* an, nicht dem, der den Mut hat, diesen Kaffee zu trinken, und gab es gar noch eine geschmierte Semmel dazu, so wird es als ein «Mahl» angesehen, das Anspruch darauf hat, in die Stadt- oder Dorfchronik eingezeichnet zu werden.

THEODOR FONTANE, 1889

Rheinsberg für Verliebte

Da war der Marktplatz, der mit alten, sehr niedrigen Bäumen bepflanzt war, schattig und still lag er da. Sie schritten durch ein schmiedeeisernes Tor in den Park. Hier war es ruhig. In dem einfachen weißen Bau des Schlosses klopfte ein Handwerker. Sie gingen durch den Hof wieder in den Park, wieder in die Stille ... Noch brausten und dröhnten in ihnen

Im Rokokostil, wie er zur Zeit Friedrichs des Großen in Mode war, ist der Park bei Schloß Rheinsberg mit seiner Grotte, den Pavillons, Statuetten und Säulen gestaltet. Im Schloß Rheinsberg, das 1734 von dem Architekten Knobelsdorff umgebaut wurde, verbrachte der Kronprinz Friedrich vier glückliche Jahre bis er im Jahr 1740 den Thron bestieg.

die Geräusche der großen Stadt, der Straßenbahnen, Gespräche waren noch nicht verhallt, der Lärm der Herfahrt ... der Lärm ihres täglichen Lebens, den sie nicht mehr hörten, den die Nerven aber doch zu überwinden hatten, der eine bestimmte Menge Lebensenergie wegnahm, ohne daß man es merkte ... Aber hier war es nun still, die Ruhe wirkte lähmend, wie wenn ein regelmäßiges, langgewohntes Geräusch plötzlich abgestellt wird. Lange sprachen sie nicht, ließen sich beruhigen von den schattigen Wegen, der stillen Fläche des Sees, den Bäumen ... Wie alle Großstädter bewunderten sie maßlos einen einfachen Strauch, überschätzten seine Schönheit und ohne das Praktische aller sie umgebenden ländlichen Verhältnisse zu ahnen, sahen sie die Dinge vielleicht ebenso einseitig an, wie der Bauer – nur von der andern Seite. Nun, hier in Rheinsberg erforderten die Gegenstände nicht allzuviel praktische Kenntnis, man war ja nicht auf einem Gut, das bewirtschaftet werden sollte. – Sie kamen an den Rand eines zweiten Sees, an eine Bank. Stille ...

«Wolfgang?» «Claire?»

«Glaubssu, daß hier Bärens gibs? Eine alte Tante von mir is beinah mal von einem ...»

«... von einem Bären zerrissen worden?»

«Nein.» Sie war ganz empört. «Habe ich das gesagt? – Ich meinte nur ... Aber, du – beschützs mich doch, ja?»

«Ich schwöre dir ...» «Hm.»

Wieder war es sehr still. Die Claire saß da und sah sehr bestimmt in das schmutziggrüne Wasser. [...]

Das Schloß! – Das Schloß mußte besichtigt werden. Man schritt hallend in den Hof und zog an einer Messingstange mit weißem Porzellangriff. Eine kleine Glocke schepperte. Ein Fenster klappte: «Gleich!» – Eine Tür oberhalb der kleinen Stiege öffnete sich, und es kam nichts, und dann tappte es, und dann schob sich der massige Kastellan in den Hof. Als er der Herrschaften ansichtig wurde, tat er etwas Überraschendes. Er stellte sich vor. «Mein Name ist Herr Adler. Ich bin hier der Kastellan.» Man dankte geehrt und präsentierte sich als Ehepaar Gambetta aus Lindenau. Historische Erinnerungen schienen den dicken Mann zu bewegen, seine Lippen zuckten, aber er schwieg. Dann:

«Nu kommen Sie man hier hinten rum, – da ist es am nächsten.» –

Und schloß eine bohlene Tür auf, die in einen dunklen Steinaufgang hineinführte. Sie kletterten eine steile Treppe mühsam herauf. Oben, in einem ehemaligen Vorzimmer, lagen braune Filzschuhe auf dem Boden, verstreut, in allen Größen für Groß und Klein, zwanzig, dreißig – man mochte an irgendein Märchen denken, vielleicht hatte sie eine Fee hierher verschüttet, oder ein Wunschtopf hatte wieder einmal versagt und war übergelaufen ...

Die Claire behauptete: *So* kleine gäbe es gar nicht. –

«Ih», sagte Herr Adler, «immer da rein; wenn sie auch ein bißchen kippeln, des tut nichts.»

Er aber war nicht genötigt, solche Schuhe anzuziehen, weil er von Natur Filzpantoffeln trug.

Die Zimmer, durch die er sie führte, waren karg und enthaltsam eingerichtet. Steif und ausgerichtet standen Stühle an den Wänden aufgebaut. Es fehlte jene leise Unregelmäßigkeit, die einen Raum erst wohnlich erscheinen läßt, hier stand alles in rechtem Winkel zueinander ... Herr Adler erklärte:

«... und düs hier sei das sogenannte Prinzenzimmer, und in diesem Korbe habe das Windspiel geschlafen. Das Windspiel – man wisse doch hoffentlich ...?» [...]

Und dann sagte Herr Adler, dies seien chinesische Vasen, und dieselben hätte der junge Graf Schleuben von seiner Asienreise mitgebracht.

Aber hier – man trat in ein anderes höheres Zimmer – hier sei der Gemäldesaal. Die Bilder habe der berühmte Kunstmaler Pesne gemalen, und die Bilder seien so vorzüglich gemalen, daß sie den geehrten Besuchern überall mit den Augen folgten. Man solle nur einmal die Probe machen!

Herr Adler gab diese Fakten stückweis, wie ein Geheimnis, preis. Es war, als wundere er sich immer, daß seine Worte auf die Besucher keine größere Wirkung machten. – Herrgott, die Claire! – Sie begann den Kastellan zu fragen. Wolfgang wollte sie hindern, aber es war schon zu spät. –

«Sagen Sie mal, Herr Adler, woher wissen Sie denn das alles, das mit dem Schloß und so?»

Herr Adler leitete sein Wissen von seinem Vorgänger, dem Herrn Breitriese, her, der es seinerseits wieder von dem damaligen Archivar Brackrock habe. –

«Und dann, was ich noch fragen wollte, Herr Adler, hat es hier wohl früher ein Badezimmer gegeben?»

«Nein, aber *wir* haben eins unten, wenn es Sie interessiert ...»

Sie dankten. Herr Adler, der noch zum Schluß auf eine Miniatur, ein Geschenk der Großfürstin Sofie von Rußland, hingewiesen hatte, verfiel plötzlich in abruptes Schweigen. Und erst nachdem das Trinkgeld in seiner Hand klingelte, blickte er zum Fenster hinaus und sagte, ein wenig geistesabwesend: «Dies ist ein ehrwürdiges Schloß. Sie werden die Erinnerung daran Ihr ganzes Leben bewahren. Im Garten ist auch noch die Sonnenuhr sehenswert.»

Claire unterließ es nicht, Wolf ein wenig zu kneifen, und an der blumenkohlduftenden Kastellanswohnung vorbei schritten sie hinaus, ins Freie.

Kurt Tucholsky, 1912

Die märkische Gleichung

Die schwarze Nacht verschlang uns und die altertümliche Kutsche. [...] Aber dann kamen die Räder auf Kies [...], ein Licht umgrenzte eine Kugel der Helligkeit, die den Rand herrlicher, hoher Bäume noch anfaßte, und wir landeten in der abendlichen, behaglichen Idylle eines märkischen Wirtshauses.

Fortsetzung Seite 131

Cottbus, das Zentrum der Niederlausitz: Der Altmarkt ist wie seit Jahrhunderten das Schmuckstück der Stadt. Stattliche Trauf- und Giebelhäuser mit reich geschmückten Fassaden zeugen von der Wohlhabenheit der Handwerker und Kaufleute, die sie einst erbauen ließen.

1845 bezog der weltbekannte Park- und Gartengestalter Fürst Pückler-Muskau das barocke Schloß Branitz südöstlich von Cottbus. Mit dem Landschaftspark, den er um das Schloß anlegen ließ, schuf er ein wahres Kleinod.

Handwerker- und Kaufmannshäuser aus dem 17. bis 19. Jahrhundert geben dem Cottbuser Altmarkt sein Gepräge. Rechts das Apothekenmuseum mit seinem schönen Staffelgiebel.

Das 1907/08 im Jugendstil erbaute, unversehrt erhaltene Cottbuser Theater, ist seit 1990 Staatstheater. Es gilt als einer der schönsten Theaterbauten in Europa.

Nächste Doppelseite: Peitz darf sich rühmen, das größte Zentrum der Binnenfischerei in der ehemaligen DDR zu sein. Im Teufelsteich werden im Herbst die Karpfen «geerntet».

Luckau wurde vom Krieg und von industriellen Umwälzungen verschont. So blieb in diesem «Niederlausitzer Rothenburg» das historische Stadtensemble erhalten. Reichverzierte frühbarocke Bürgerhäuser säumen den Marktplatz. Im Vordergrund der eindrucksvolle achteckige «Hausmannsturm».

Dort drüben liegt das Schloß [Rheinsberg]. Doch das Dunkel der Tiefe ist undurchdringlich; es geht kaum zum Himmel die Kuppe der Bäume.

Es gibt ein nettes Büchlein, das aus Dokumenten Friedrichs und seines Kreises zusammengestellt ist, «Der junge Fritz in Rheinsberg»; das habe ich bei mir und die Briefe des Kronprinzen. Aber während ich in einer Ecke die Bekanntschaft mit jenen unvergeßlichen Niederschriften eines graziösen Witzes erneuere und der noch heute schmerzhaften, knirschenden Selbsterniedrigung des Geprügelten vor seinem Vater, sagen mir die Tische ringsum, daß hier die Gegend des Stechlin ist und daß man wohl in diesem Zimmer die Wahlniederlage des alten Dubslav gefeiert hat, wobei der Rheinsberger Rektor Thormeyer seine Geschichte von der siamesischen Prinzessin losgeworden ist. Samstagabend, die Honoratioren des Städtchens sitzen hinter Mosel oder Rotspon, ein paar Sommergäste aus Berlin dazwischen: Der eine Tisch ist sich über Erzberger ziemlich einig, der offenbar ein ewig dankbares Thema darstellt, am anderen wird das ägyptische Problem von einem, der am Nil war, beschrieben – sie können nicht alle so graziös sprechen, wie Fontane das seinen Ruppiner «Grafschaftlern» beigebracht hat, aber die Gedanken gehen zwischen diesen beiden, Friedrich und Fontane, den französischen Märkern, durch deren Medium das so karge Land seine seltsame Anziehung bekommt.

Die Flucht aus Berlin ist in ihrem philologischen Ziel mißglückt: Man kann das Schloß nicht besichtigen, denn einer der Kaisersöhne wohnt jetzt darin. Schade, denn an diesem Bau hat Knobelsdorff, ehe er in Berlin und Potsdam seine unvergänglichen Werke errichtete, die erste größere Aufgabe gelöst, Pesne hat das Schloß ausgemalt, und man durfte hoffen, einen Nachhall aus Friedrichs glücklichster oder einzig glücklicher Zeit zu spüren. Später residierte hier des Königs Bruder Heinrich; das Haus bewahrt wohl auch von diesem Sonderling seine Anekdoten, und es ist immer etwas schmerzlich, wenn man um derlei kommt. [...]

So umkreist man den Bau und freut sich, wenn ein Tor, wenn das grüne Gewölbe einer Allee den Blick auf ein Stück gelber Wand freigibt, in der die edlen Maße einer sparsamen Kunst eingezeichnet sind. Vom See aus bekommt man dann die Wasserfront mit ihren charakteristischen älteren Rundtürmen, zwischen die Knobelsdorff seine hohe Kolonnade gestellt hat; wundervolle dunkle Baumgruppen, an deren Rand helle, hängende Weiden stehen, eben einen prächtigen Rahmen.

Nun aber sollte die märkische Gleichung, Fritz und Fontane, vollends abgeschlossen werden. Im Hausgang des Gasthofs studierte ich die Landkarte und entdeckte Neuruppin, um mit dem Bleistift die Kilometer auszumessen. Es mußte reichen, und in vier Stunden strammen Marsches war es geschafft. Man muß sich in der Mark an das Wasser und an die Seen halten, denn die «Gegend» hört gleich auf, wenn man sie verläßt. Immerhin, es wächst neben struppigem auch schöner Wald, es steht in Altruppin eine eindrucksvolle gotische Backsteinkirche, und wenn man sich Neuruppin nähert, gibt es Schützenfeste, Karussell und Tanzlokale und Büchsenschüsse, daß es eine Freude ist. Diese Stadt macht einen fabelhaft ordentlichen, sauberen und in allem maßvollen Eindruck. [...]

In der großen Friedrich-Wilhelm-Straße steht die Löwen-Apotheke, Fontanes Geburtshaus. Nur die ersten Kinderjahre und der Besuch der «Klippschule» gehören Ruppin; dann verzog der Vater nach Swinemünde [...]. Aber da entdeckt man an einem Denkmal des Kirchplatzes: Hier ist auch Schinkels Heimat, und das ist für ein kleines Landstädtchen allerhand, daß es Brandenburg-Preußen nicht nur seinen wesentlichen Epiker, sondern auch den wichtigsten Künstler geschenkt hat. Die Romantik ist die Luft, die ihn umgibt, aber bei ihm wird sie in Sammlertum, in Fleiß vernüchtert. Sein Klassizismus ist Bildung, doch nicht Bekenntnis; er findet, charakteristisch genug, den Weg zur heimischen Backsteingotik. Ungeheuer viel Tüchtigkeit und Sinn für karge Monumentalität ist in ihm verdichtet; einem armen Land gibt er die große, der Kunst gewidmete Repräsentation.

Theodor Heuss, 1920

Klaus Wendler

Städte und Landschaften, Kultur und Geschichte

Sollten das Land Brandenburg und Berlin in einem Band vorgestellt werden? Wir waren der Meinung: Nein. So hinterließen zwar die großen deutschen Architekten Karl Friedrich Schinkel (1781 bis 1841) und Georg Wenzeslaus von Knobelsdorff (1699–1753) in dem einen wie dem anderen ihre bedeutenden Bauwerke. Durch ihre architektonische Handschrift und die ihrer Schüler unterscheidet sich dieses Gebiet als ein einheitliches von Sachsen, Bayern oder dem Rheinland. Andererseits verläuft die Entwicklung Berlins und Brandenburgs schon seit langem getrennt. Berlin – das ist die glanzvolle Metropole voller Hektik und pulsierendem Leben, auf die die Menschen des umliegenden Landes Brandenburg mit ein wenig Neid schauen, um sich dann doch auf die Schulter zu klopfen und zu bestätigen: In ihren ruhigen, oft sogar beschaulichen Ortschaften läßt es sich weitaus angenehmer leben.

Allein schon deswegen ist ein Berliner kein Brandenburger, und das gilt erst recht umgekehrt.

Allgemeine Informationen

Lage und Größe. Rund um Berlin mit seinen fast vier Millionen Einwohnern erstreckt sich das Land Brandenburg. Seine Hauptstadt Potsdam ist durch ein S-Bahnnetz, Eisenbahnverbindungen, Wasser- und zahlreiche Landstraßen an Berlin, die Spreemetropole, angeschlossen.

Mit einer Fläche von 29 059 Quadratkilometern hat das Land Brandenburg einen Anteil von 8,1 Prozent am gesamten Bundesgebiet. 2,6 Millionen Einwohner entsprechen der Bevölkerungszahl des flächenmäßig halb so großen Schleswig-Holstein.

Die Oder und die Lausitzer Neiße sind Brandenburgs und zugleich Deutschlands östliche Grenze zu Polen. Das Land grenzt im Süden an Sachsen, im Norden an Mecklenburg-Vorpommern und im Westen an Sachsen-Anhalt.

Brandenburgs Landschaften. Oft wird das Land Brandenburg mit einem Schlagwort als die «Streusandbüchse» Deutschlands bezeichnet. Einheimischen und Kennern der Landschaft, denen sich die Einzigartigkeit Brandenburgs erschlossen hat, ist diese Charakterisierung viel zu oberflächlich.

Geprägt ist die Landschaft durch die großen Urstromtäler der Eiszeit und die an sie angrenzenden Hochflächen. Sie liegen selten über einer Höhe von 60 Metern. Die Flüsse haben sich oft in den breiten flachen Mulden seenartig erweitert und gerade das macht die Umgebung Berlins so reizvoll.

Brandenburg ist landschaftlich weitaus vielgestaltiger, als es auf den ersten Blick scheinen mag. Das *Havelland*, einschließlich Zauche, wird von vielen Sumpfgebieten und Brüchen durchzogen, zwischen denen sich häufig Sandgebiete erstrecken. 1718 bis 1724 und 1908 bis 1918 wurde ein Teil des Landes trockengelegt. Im 18. Jahrhundert entstand der Havelländische Große Hauptkanal. Er führt mit einer Länge von 76 Kilometern von der Havel bei Niederneuendorf bis zum Hohenauener See an der Unterhavel. Der Havelländische Kleine Hauptkanal begrenzt das Niederungsmoor (Havelländisches Luch) im Norden. Wichtige Städte und Industriestandorte der Region Havelland sind Potsdam, Brandenburg, Rathenow, Hennigsdorf und Nauen.

Nördlich und nordöstlich an das Havelland schließt sich die *Prignitz* an, ein flachwelliges Gebiet zwischen den Flüssen Löcknitz im Westen, Dosse im Osten sowie Elbe und Havel im Süden. Die lehmigen Böden im Nordwesten werden meist landwirtschaftlich genutzt. Ausgedehnte Kiefernwälder bedecken die Sandböden im Südosten. Neben der Landwirtschaft finden die Menschen hauptsächlich in der Nahrungsmittel-, Holz- und Baustoffindustrie ihr Auskommen. Romantisch muten in der Prignitz die Städtchen Kyritz, Perleberg, Pritzwald, Wittenberge und Wittstock an.

Beiderseits des oberen Rhin, um Zechlin, Rheinsberg, Neuruppin, zwischen Dosse und Havel liegt das *Ruppiner Höhenland*, eine abwechslungsreiche wellige Landschaft, von vielen Gewässern durchzogen. Das waldreiche Seengebiet um Rheinsberg (Ruppiner See, Rheinsberger See, Großer Stechlinsee) lockt jährlich Tausende von Urlaubern an. Den Seen westlich vorgelagert, erstrecken sich die Hügel von Zechlin mit den Krähenbergen (bis zu 118 Meter hoch), auch *Ruppiner Schweiz* genannt.

Über die Schorfheide mit Joachimstal kommt man vom Ruppiner Höhenland in die *Uckermark* im äußersten Nordosten Brandenburgs. Beiderseits der Uecker zwischen Havel und unterer Oder dehnt sich das eiszeitlich geformte seenreiche Gebiet, das von der Landwirtschaft geprägt wird. Einziger nennenswerter Industriestandort ist Schwedt an der Oder, mit den bedeutendsten ostdeutschen Petrolchemieanlagen und Papierfabriken.

Den Südteil der Uckermark nehmen ausgedehnte Wälder ein, besonders in der *Schorfheide*, einem nur wenig bevölkerten, 400 Quadratkilometer großen Naturschutzgebiet mit alten Kiefern- und Wacholderbeständen. In der wildreichen Schorfheide findet man Binnendünen und Moorgebiete. Zentrum der Uckermark ist die Stadt Prenzlau am Nordufer des Unteren Ueckersees.

Südwestlich der Uckermark, nördlich und nordöstlich von Berlin erhebt sich der *Barnim* über die umgebenden Niederungen (Havelländisches Luch im Westen, Oderbruch im Osten, Eberswalder Urstromtal im Norden, Berliner Urstromtal im Süden). Charakteristisch für diese Region sind langgestreckte Rinnenseen und Täler. Östlich von Strausberg steigt die *Märkische Schweiz* an. Die wichtigsten Orte der Märkischen Schweiz sind Altlandsberg, Bernau, Buckow, Rüdersdorf und Strausberg.

Zwischen Lebus im Süden und Oderberg im Norden liegt, zum Teil unter dem Niveau der Oder, das *Oderbruch*. Wie heute noch der Spreewald, war das Oderbruch ursprünglich von einem weitverzweigten Gewässernetz durchzogen. In der Geschichte der Region kam es immer wieder zu verheerenden Überschwemmungen, unter denen besonders die Stadt Frankfurt zu leiden hatte. Nach schweren Hochwasserschäden 1717 und 1736 entstanden erste Pläne einer Oderbruchentwässerung, die aber erst unter Friedrich dem Großen in die Tat umgesetzt wurden. Der Planungskommission gehörte auch der bedeutende Mathematiker Leonhard Euler (1707 bis 1783) an. Bereits 1753 lagen weite Teile trocken. Zu den Wenden, einer slawischen Volksgruppe, die bis dahin das Oderbruch als

Blick vom Hochhaus an der Neustädter Havelbucht auf das nächtliche Potsdam: Weithin sichtbar ist die monumentale Kuppel der Nikolaikirche. Im Vordergrund das Potsdam-Museum in der Breiten Straße.

einzige besiedelt hatten, kamen nun Mecklenburger, Hessen, Württemberger, Sachsen, Pfälzer, Österreicher, Schweden und Böhmen. Größere Siedlungen am Rand des Oderbruchs sind Bad Freienwalde, Seelow und Wriezen.

Lebus, zwischen Oderbruch und Spreewald, fällt steil zum Odertal ab. Das Bistum Lebus (1133 bis 1598), einst beiderseits der Oder, war von Polen her gegründet worden und unterstand vorübergehend schlesischer Herrschaft, bevor es um 1250 an Brandenburg fiel. Lebus gehört zum südlichen Berliner Seengebiet; wichtige Orte sind hier Müncheberg, Beeskow, Erkner, Fürstenwalde und Königs Wusterhausen.

Im Südwesten Brandenburgs erstreckt sich über eine Länge von mehr als 100 Kilometern der *Fläming*. Benannt wurde er nach flämischen Kolonisten, die sich im 12. Jahrhundert hier ansiedelten. Dieser mittlere Teil des südlichen Landrückens setzt den Lausitzer Höhenzug nach Nordwesten fort. Der Hagelberg bei Belzig im höheren westlichen Fläming ist mit 201 Metern der höchste Berg Brandenburgs. Besonders eindrucksvoll ist der landschaftliche Kontrast zwischen dem *Baruther Urstromtal* mit seinen ausgedehnten Wiesenflächen und dem rasch ansteigenden bewaldeten Fläming nördlich von Niemegk. Zentren sind im Fläming Belzig, Jüterbog und Luckenwalde.

Über 270 Quadratkilometer umfaßt der *Spreewald*, eine flache, wiesenreiche Niederung. Der Oberspreewald mit seinen rund 200 Fließen erstreckt sich von der Stadt Cottbus, das oft als das Tor zum Spreewald bezeichnet wird, bis nach Lübben. Hier vereinen sich die Wasserläufe für eine kurze Strecke, verästeln sich aber bereits wieder im nördlichen Teil der Stadt, bis sich die Spree in den Neuendorfer See ergießt. Ackerbau treibende slawische Gruppen besiedelten ab dem 6. Jahrhundert das Gebiet. So sind Orts-, Flur- und Gewässernamen im Spreewald meist sorbischer Herkunft. Die Besitznahme der Lausitz durch die Wettiner zog einen Strom deutscher Siedler nach sich. Zur Anlage ihrer Dörfer erschlossen sie sich die Grundmoränenplatten.

Zwar wurde 1650 der letzte Braunbär im Spreewald erlegt, 1746 der letzte Elch, und auch die Wildkatzen sind dort inzwischen ausgestorben, doch noch immer leben in den inneren, menschenleeren Teilen zahlreiche selten gewordene Wildtiere wie Fischotter und Eisvogel. Viele der mehr als eine Million Touristen pro Jahr lassen sich in Kähnen durch die Fließlandschaft staken. Regionale Zentren sind Cottbus, Lübben, Lübbenau und Burg.

Bis an den Spreewald reicht der Braunkohletagebau der *Niederlausitz*. Dort, im Havelland und in Schwedt an der Oder, konzentriert sich die Industrie Brandenburgs: Im Havelland hauptsächlich Metallurgie und Maschinenbau, in der Niederlausitz Großkraftwerke, Braunkohletagebau und Kohleveredlungsindustrie. Landschaftlich ist die Lausitz ein wenig fruchtbares Sandgebiet, das im Norden und Südwesten in Moorböden übergeht.

Zwei Städte Brandenburgs haben mehr als 100 000 Einwohner: Potsdam und Cottbus. Mit Berlin als Mittelpunkt überzieht ein Spinnennetz von Autobahnen und Eisenbahnstrecken das Bundesland. Wirtschaftlich von Bedeutung können in der Zukunft die vielen natürlichen Wasserstraßen (Dahme, Havel, Oder, Spree) und die Kanäle (Elbe-Havel-, Havel-Oder-, Oder-Spree-Kanal) werden.

Sehenswerte Orte von A bis Z

Ziffern im Kreis verweisen auf die Karte auf Seite 155.

Altdöbern ① ist über die Abfahrt Bronkow der Autobahn Berlin – Dresden zu erreichen. Sehenswert an der Niederlausitzer Kleinstadt ist das Anfang des 18. Jahrhunderts als barocke Flügelanlage entstandene *Schloß* mit Wand- und Deckengemälden von Jean-Michel Moreau. Der 1755 als barocke Anlage geschaffene Schloßpark wurde 1880 zu einem Landschaftsgarten umgestaltet.

Altlandsberg ② zwischen Berlin und Strausberg im Barnim besitzt zwei bemerkenswerte Gotteshäuser. Die gotische *Stadtkirche* wurde im frühen 16. und im 19. Jahrhundert umgebaut. 1772 erhielt ihr Turm die nun weithin sichtbare, markante Barockhaube. Die *Schloßkirche* stammt aus der Mitte des 17. Jahrhunderts.

Angermünde ③ am Mündesee, im seenreichen fruchtbaren Hügelland der südlichen Uckermark gelegen, wurde Mitte des 13. Jahrhunderts gegründet. Die Stadt ist Industriezentrum einer Agrarregion. Für den im benachbarten Dorf Biesenbrow geborenen Schriftsteller Ehm Welk (1884–1966) wurde in einem Fachwerkhaus aus dem 19. Jahrhundert eine Gedenkstätte eingerichtet. Im *Heimatmuseum* (Brüderstraße 18) sind die Stadtgeschichte und die Geomorphologie der südlichen Uckermark dokumentiert. Der mächtige Westturm und die Langhaus-Umfassungsmauer der *Marienkirche* stammen aus dem 13. Jahrhundert. Die dreischiffige Halle mit ihren sehenswerten, reich verzierten Sterngewölben kam im 15. Jahrhundert hinzu.

Bad Freienwalde ④**,** umgeben von Laub- und Mischwäldern, liegt im Nordostteil der Barnimer Platte. Bekannt sind hier das Rheumasanatorium der Stadt und das *Oderlandmuseum* (Uchtenhagenstraße 2) in einem Bürgerhaus aus dem 18. Jahrhundert.

Mitte des 15. Jahrhunderts wurde die Pfarrkirche *St. Nikolai* errichtet. Turm und Südanbau kamen zwischen 1518 und 1523 hinzu. Der Fachwerkbau der Georgenkapelle entstand 1696.

Bad Liebenwerda ⑤ an der Schwarzen Elster im äußersten Südwesten Brandenburgs ist wegen seines *Eisenmoorbads* bekannt. Im *Schloß*, das hauptsächlich zwischen 1568 und 1579 auf den Fundamenten einer zum Bistum Meißen gehörenden Wasserburg aus dem 12. Jahrhundert errichtet wurde, ist das *Heimatmuseum* untergebracht, das mit einer historischen Drogerie (1910) aufwarten kann. Erhalten von der ursprünglichen Wasserburg ist der gotische *Bergfried Lubwart*, das Wahr- und Wappenzeichen der Stadt, ein Bau aus Backstein.

Bad Saarow-Pieskow ⑥ am Nordufer des Scharmützelsees ist ein beliebtes Erholungszentrum. Von September 1922 bis Juni 1923 weilte dort als Kurgast der russische Schriftsteller Maxim Gorki. In einem Blockhaus (Ulmenstraße), das 1912 aus der 1826 in Potsdam erbauten «Russischen Kolonie Alexandrowka» umgesetzt worden war, befindet sich eine *Gorki-Gedenkstätte*.

Baruth ⑦ östlich von Luckenwalde mit einer *Pfarrkirche* aus dem 14. Jahrhundert, Altar, Kanzel und Orgelempore stammen aus der zweiten Hälfte des 17. Jahrhunderts.

Beelitz ⑧**,** eine von Wäldern umgebene Kleinstadt im Nieplitztal mit einer frühgotischen *Marienkirche* aus dem 14. Jahrhundert. Die schönen spätgotischen Sterngewölbe sowie die Gewölbe der 1370 gestifteten Blutkapelle sind teilweise erneuert worden. Die Kanzel stammt aus dem Jahr 1656.

Beeskow ⑨ an der schiffbaren Spree ist noch immer von einer gut erhaltenen Stadtmauer umgeben. Sehenswert sind auch beträchtliche Ruinenreste einer *gotischen Burg*, des *Bergfrieds* und der *Neuen Burg* aus der ersten Hälfte des 16. Jahrhunderts. Sie beherbergt auch das *Biologische Heimatmuseum* (Frankfurter Straße 23), unter anderem mit einer Ausstellung über den Australienforscher Ludwig Leichhardt. Im 750 Jahre alten *Bergfried* wird über die historische und wirtschaftliche Entwicklung der Stadt informiert. 1945 wurde die spätgotische *Hallenkirche* aus Backstein aus dem 15. Jahrhundert zerstört. Spätgotische Malereien sowie ein Altar von Anfang des 16. Jahrhunderts sind sehenswerte Kostbarkeiten in der wiederaufgebauten Sakristei.

Am Marktplatz, im Zentrum von Bad Freienwalde, liegt die Stadtkirche St. Nikolai, ein imposanter, mittelalterlicher Backsteinbau.

Das Rathaus von Altlandsberg westlich von Strausberg. Die kleine Stadt in der Landschaft Barnim war kurze Zeit Residenz Friedrich I.

Der Schermützelsee bei Buckow in der Märkischen Schweiz, ist vor allem für Großstädter vielbesuchtes Ausflugsziel.

Belzig ⑩ im Hohen Fläming, östlich vom Hagelberg, hat sein Gepräge von der Forst- und Landwirtschaft der Umgebung. *Burg Eisenhardt* am südlichen Stadtrand entstand vermutlich als slawische Grenzfeste. Sie wurde von Albrecht dem Bären erobert und kam im 14. Jahrhundert in den Besitz sächsischer Herzöge. Im Dreißigjährigen Krieg drangen die Schweden 1636 in die Stadt ein und eroberten die Burg. 1712 weilte Zar Peter der Große hier. Während der Befreiungskriege von 1813 leitete der russische General Graf von Wittgenstein von der Burg Eisenhardt aus die Schlacht von Hagelberg. Eisenhardt ist eine der wenigen aus dem frühen Mittelalter erhaltenen Burgen in Brandenburg. Im Salzmagazin von Eisenhardt ist eine Jugendherberge, im südwestlichen Eckturm ein Museum untergebracht. Wahrzeichen der Burg ist der 33 Meter hohe Bergfried «*Butterturm*».

Bernau ⑪ im Nordosten Berlins ist in das Verkehrsnetz der Metropole einbezogen. Im vierstöckigen spätgotischen Backsteinbau des *Steintors* ist eine stattliche Sammlung historischer Waffen zu besichtigen. Das mehr als 250 Jahre alte *Henkerhaus* gibt sehr anschaulich Aufschlüsse über das Gerichtswesen im Mittelalter, nicht zuletzt anhand mittelalterlicher Folterwerkzeuge, eines Schandsteins für zanksüchtige Frauen und des Bernauer Richtschwerts aus dem 16. Jahrhundert.

Innerhalb der historischen Stadtmauer mit Wehranlage befindet sich die spätgotische Backsteinhalle der Bernauer Pfarrkirche *St. Marien* aus dem letzten Viertel des 15. Jahrhunderts. Ihre reiche Ausstattung ist beeindruckend, etwa der Altar mit sechs Flügeln und der Darstellung einer Marienkrönung aus der Cranach-Schule (um 1520) oder das Ölbergrelief vom Anfang des 15. Jahrhunderts. Taufe und Kanzel sind Werke des 17. Jahrhunderts. Die *Kapelle des Georgen-Hospitals* aus dem 15. Jahrhundert war im 18. und 19. Jahrhundert Predigtstätte der Hugenottengemeinde in Bernau. Eine Gedenktafel an der ehemaligen Lateinschule (Am Kirchplatz 10) erinnert an den in Bernau geborenen Georg Rollenhagen (1542 bis 1609). Er war der letzte Repräsentant der sogenannten lehrhaften Dichtung im Jahrhundert der Reformation.

Blankensee ⑫, nahezu auf halbem Weg zwischen Ludwigsfelde und Luckenwalde. Ein märkisches Mittelflurhaus von 1649 ist als *Bauernmuseum* (Dorfstraße 4) eingerichtet. Recht anschaulich geben die «Schwarze Küche« mit ihrem zwölf Meter hohen Fachwerkschlot, die Wohnstube, die Altenteilstube und andere Räumlichkeiten Einblicke in das damalige bäuerliche Leben.

Das *Schloß* von Blankensee, Anfang des 18. Jahrhunderts erbaut, war von 1902 bis 1928 Landsitz des Schriftstellers Hermann Sudermann (1857–1928); Teile seiner vorwiegend italienisch ausgerichteten Kunstsammlung sind hier zu besichtigen.

Boitzenburg ⑬ in der Uckermark, unweit von Templin, zieht jährlich zahlreiche Touristen wegen der *Klostermühle* an, die um 1640 ihr heutiges Aussehen erhielt. Mittwochs können Besucher beim Schroten zuschauen. Besitzer der Wassermühle war ursprünglich das um 1270 gegründete Zisterzienser-Nonnenkloster. In der *Pfarrkirche* aus dem 13. Jahrhundert mit ihrem barocken Turm befinden sich Grabdenkmäler der Familie von Arnim.

Brandenburg ⑭, beiderseits der unteren Havel auf einer von den Havelseen Beetzsee und Plauer See gebildeten Landenge gelegen, ist ein wichtiger Industriestandort und Verkehrsknotenpunkt. Die Stadt Brandenburg war bis 1598 Zentrum des gleichnamigen Bistums. Der Grundstein für den *Dom St. Peter und Paul* wurde 1165 gelegt. In den Klausurräumen des Chorherrenstifts ist heute das *Dommuseum* untergebracht; im Domarchiv sind 600 mittelalterliche Urkunden und Siegel gesammelt.

«Bei bloßer Nennung des Namens», so schreibt Fontane über das Wald- und Seengebiet um Buckow, «steigen freundliche Landschaftsbilder auf: Berg und See, Tannenabhänge und Laubholzschluchten, Quellen, die über Kiesel plätschern und Birken, die vom Wind halb entwurzelt, ihre langen Zweige bis in den Waldbach niedertauchen.»

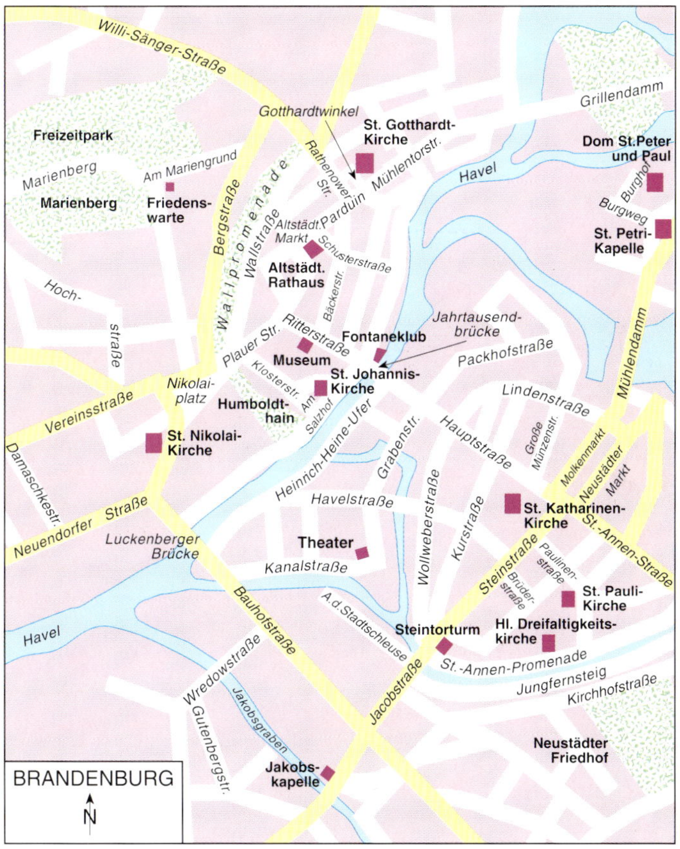

Ältestes Dokument der kostbaren Sammlung des Brandenburger Domarchivs ist die durch Kaiser Otto I. (912–973) im Jahr 948 ausgestellte Gründungsurkunde des Bistums Brandenburg. Vom ersten Bau der *St. Gotthardt-Kirche* aus der zweiten Hälfte des 12. Jahrhunderts ist das aus mächtigen Granitquadern gemauerte Westwerk mit romanischem Portal und Rundfenstern erhalten. Aus der Mitte des 13. Jahrhunderts stammt die *Peterskapelle* auf der Dominsel. Ab 1395 entstand die *Katharinenkirche* als Pfarrkirche der Neustadt. Die ehemaligen Klosterkirchen *St. Johannis* und *St. Pauli* wurden im Krieg zerstört.

Das *Altstädter Rathaus* – davor die über fünf Meter hohe Rolandfigur des zerstörten Neustädter Rathauses – stammt aus dem 15. Jahrhundert. Im 1723 erbauten *Frey-Haus* (Hauptstraße 96) befindet sich das *Heimatmuseum-Brandenburg*; es enthält unter anderem eine umfangreiche graphische Sammlung europäischer Künstler vom 16. bis zum 20. Jahrhundert.

Buckow ⑮ in der Märkischen Schweiz ist ein Erholungs- und Ausflugszentrum mit zahlreichen Übernachtungsmöglichkeiten. Das Haus, in dem der Schriftsteller Bertolt Brecht (1898–1956) und seine Frau, die Schauspielerin Helene Weigel (1900–1971), von 1952 an lebten, wurde als Museum eingerichtet. Hier verfaßte Bertolt Brecht auch die «Buckower Elegien».

Das 1675 entstandene *Barockschloß* von Buckow baute Karl Friedrich Schinkel 1803 im klassizistischen Stil um. Es wurde im Zweiten Weltkrieg schwer zerstört und später abgetragen. Der von Peter Joseph Lenné entworfene *Landschaftspark*, ehemals ein Barockgarten, ist heute Schauplatz der *Buckower Rosentage*, die jedes Jahr Ende Juni gefeiert werden.

Von Buckow aus durchziehen *Wanderwege* das Waldhügelland der Märkischen Schweiz, eines zwanzig Kilometer langen, fünf bis acht Kilometer breiten vielgestaltigen Landstrichs. Besonders beliebt ist der rot markierte, elf Kilometer lange Rundgang zur *Silberkehle* und weiter zum *Sophienfließ*, der vorbei an stillen Seen und auf aussichtsreiche Kuppen führt.

Schloß Branitz bei Cottbus ist wegen seines Landschaftsparks berühmt, den Fürst Hermann von Pückler-Muskau (1785–1871) hier anlegte (siehe auch Seite 126). Heute befindet sich in Schloß Branitz eine Ausstellung über Leben und Werk von Fürst Pückler-Muskau und eine Sammlung von Gemälden des Landschaftsmalers Carl Blechen, der 1798 in Cottbus geboren wurde.

Chorin ⑯ nordöstlich von Eberswalde-Finow lockt in den Sommermonaten mit Konzerten im Kirchenschiff der frühgotischen Backsteinbasilika des ehemaligen *Zisterzienserklosters*. Chorin ist eine für die Kolonisation der Mark Brandenburg maßgebliche Tochtergründung des Klosters Lehnin. Obwohl nur noch teilweise erhalten, zählen Kirche und Klosterbauten zu den bedeutendsten gotischen Bauwerken im märkischen Backsteingebiet.

Cottbus ⑰, zweitgrößte Stadt des Landes Brandenburg, hat eine Technische Hochschule und ist ein wichtiger Industriestandort.

Bemerkenswerte sakrale Bauten sind die *Klosterkirche* (auch Wendische Kirche genannt), eine ehemalige Franziskaner-Klosterkirche aus dem 14. und 16. Jahrhundert; die um 1400 gebaute *Oberkirche* mit einem Altar (1660) des Bildhauers Andreas Schultze aus Torgau und die 1707 bis 1714 errichtete *Schloßkirche* mit ihrem neugotischen Turm von 1870. Eindrucksvollstes Überbleibsel der alten Stadtbefestigung ist der im 19. Jahrhundert leicht veränderte *Spremberger Turm*, das Wahrzeichen von Cottbus. Wie von jeher bildet immer noch der *Altmarkt* mit seinen Kaufmanns- und Handwerkerhäusern das Zentrum der Stadt. Das 1908 eingeweihte *Stadttheater* gilt als ein Kleinod des Spätjugendstils.

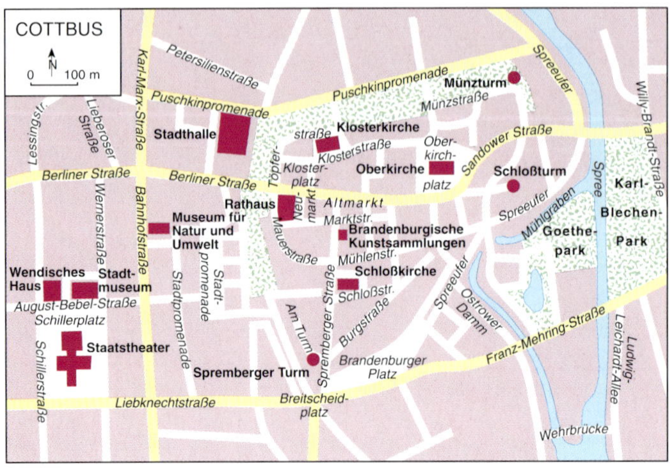

Südöstlich von Cottbus erstreckt sich das letzte große Werk des «Parkfürsten» Hermann von Pückler-Muskau, der *Landschaftspark Branitz*. Im *Schloß*, 1772 erbaut und nach 1846 von Gottfried Semper in Teilen umgestaltet, sind die historischen Räume heute Museum; außerdem werden Arbeiten des Landschaftsmalers Karl Blechen (1798–1840) gezeigt, der 1798 in Cottbus geboren wurde.

Doberlug-Kirchhain ⑱ in der Niederlausitz ist eine Doppelstadt. Das *Zisterzienserkloster* von Doberlug wurde 1165 gegründet; die *Basilika* des Klosters ist der bedeutendste spätromanische Bau der Region, der seit Anfang unseres Jahrhunderts restaurationsmäßig sehr starke Veränderungen erfuhr.

Aus dem 14. Jahrhundert stammt die Kirchhainer *Pfarrkirche*. Vom mittelalterlichen Bau verblieben nur noch die doppelhelmige Turmanlage und das schöne Zellengewölbe des Chors. In einer ehemaligen Gerberei (Potsdamer Straße 18) befindet sich heute das *Weißgerbermuseum*.

Eberswalde-Finow ⑲ liegt im Eberswalder Urstromtal am waldreichen Nordrand der Hochfläche des Barnim. Die heutige Industriestadt erhielt 1300 das Stadtrecht. Im 15. und 16. Jahrhundert entwickelte sich Eberswalde zu einem Zentrum der Metallverarbeitung. 1970 wurden Eberswalde und Finow zusammengelegt. Der Taufstein der gotischen Pfarrkiche *St. Maria Magdalena* stammt aus dem späten 13. Jahrhundert. Als Konzertraum dient der ebenfalls gotische Backsteinbau der Spitalkapelle *St. Georg*.

Das Schiffshebewerk bei Niederfinow, zwischen 1927 und 1934 erbaut, ist ein technisches Denkmal ersten Ranges. Von der oberen Rampe aus kann man beobachten, wie Schiffe mit einer Gesamttonnage von 4300 Tonnen in nur fünf Minuten einen Höhenunterschied von 36 Metern überwinden (siehe auch Seite 17).

In der ständigen Ausstellung «Die Entwicklung des Industriegebietes im Raum Eberswalde-Finow vom 17. bis zum 19. Jahrhundert» im *Stadtmuseum* (Kirchstraße 8) ist vor allem die 300jährige Metallverarbeitung der Region anhand interessanter historischer Zeugnisse anschaulich dokumentiert.

Im über 150 Jahre alten, sehenswerten *Forstbotanischen Garten Eberswalde*, der zum Institut für Forstwirtschaft gehört, finden sich nahezu 2000 verschiedene Pflanzenarten.

Erkner ⑳, südöstlich von Berlin zwischen Flaken- und Dämeritzsee, war von 1885 bis 1889 Aufenthaltsort Gerhart Hauptmanns (1862–1946). Er wohnte in der Villa «Lassen», in der inzwischen ein *Hauptmann-Museum* mit angeschlossenem Forschungsarchiv untergebracht ist. Der Erneuerer des Dramas verfaßte hier seine ersten literarisch gültigen Werke, etwa «Fasching», «Bahnwärter Thiel» und «Vor Sonnenaufgang». Zur Novelle «Fasching» war er durch das tragische Unglück eines Schiffsbaumeisters und dessen Frau angeregt worden, die am 13. Februar 1887 im Dunkeln den zugefrorenen Flakensee zwischen Erkner und Woltersdorf überquerten und dabei ins Eis einbrachen. Ein *Heimatmuseum* (Heinrich-Heine-Straße 17/18) ist in Erkners ältestem Haus, einem Fachwerkbau mit Schilfdach aus dem Jahr 1760, untergebracht.

Finsterwalde ㉑, Niederlausitzer Industriestadt. Die weiträumige Anlage des Finsterwalder *Schlosses* wurde von 1553 bis 1597 im Renaissancestil gebaut. Die spätgotische *Dreifaltigkeitskirche* wurde im 17. Jahrhundert fertiggestellt. Bemerkenswert sind der Altaraufsatz von 1595 und die Kanzel von 1615.

Ein besonderes Schaustück im *Städtischen Museum* von Finsterwalde (Wilhelm-Külz-Straße 6–8) ist ein originalgetreu eingerichteter Kaufmannsladen vom Anfang dieses Jahrhunderts.

Frankfurt an der Oder ㉒ entstand um 1226 als deutsche Marktsiedlung am Ostrand der zur Oderniederung abfallenden Lebuser Hochfläche. Die Stadt besitzt einen Flußhafen. Bei Frankfurt befindet sich auch der wichtigste deutsche Grenzübergang zu Polen.

Das *Geschichtsmuseum «Viadrina»* in einem der schönsten innerstädtischen Profanbauten des 17. Jahrhunderts trägt den Namen der Universität, die – mit einer Unterbrechung zwischen 1811 und 1991 – seit 1506 in der Stadt existiert. Bedeutend ist die historische Musikinstrumentensammlung. In der ehemaligen Garnisonschule (Faberstraße 7) befindet sich die *Kleist-Gedenk- und Forschungsstätte.* Ein Denkmal des Dichters Heinrich von Kleist, der 1777 in Frankfurt an der Oder geboren wurde, steht im Garten der Gedenkstätte, ein weiteres im Park am Zehme-Platz.

1945 wurde der historische Stadtkern nahezu völlig zerstört. Die zwischen 1400 und 1405 gebaute ehemalige Hauptpfarrkirche (*Marienkirche*) existiert nur noch als Kriegsruine. In Teilen erhalten geblieben und in die *Gertraudenkirche* gebracht worden ist ihre reiche spätgotische Ausstattung.

Weitere interessante Sakralbauten sind die im 13. und 14. Jahrhundert entstandene *Friedenskirche*, die seit 1270 erbaute *Franziskaner-Klosterkirche*, die *katholische Pfarrkirche* (1897–1899) und die 1916 erbaute *Russische Kirche.*

Fürstenwalde ㉓ an der Spree verfügt über einen Flußhafen. Von 1373 bis 1555 war die Stadt Sitz der Lebuser Bischöfe. Die 1446 errichtete spätgotische Backsteinhalle der Pfarrkiche *St. Marien*, nach einem Brand 1776 bereits neu gestaltet, brannte bei Kämpfen um die «Feste Fürstenwalde» im Jahr 1945 restlos aus. Von 1953 bis 1970 wurde die Marienkirche wieder aufgebaut. Das Sakramentshaus aus Kalkstein von 1517 sowie mittelalterliches Kirchengerät lohnen durchaus eine Besichtigung.

In einem 300 Jahre alten Ackerbürgerhaus befindet sich das *Museum* (Domstraße 1). Es informiert unter anderem über die Stadtgeschichte und die Geologie Ostbrandenburgs.

Jüterbog ㉔ im Fläming ist eine im späten 13. und frühen 14. Jahrhundert angelegte Stadt. Die mittelalterlichen *Türme*, die drei *Stadttore* (Neumarkt-, Damm- und Zinnaer Tor) und das *Rathaus* sind bis in unsere Tage Wahrzeichen der Stadt geblieben. In der zwischen 1480 und 1510 als dreischiffige Backsteinhalle gebauten *Franziskaner- oder Mönchenkirche* befindet sich heute die Bibliothek der Stadt. Ihre Fassade schmücken hohe spitzbogige Fenster mit darüberliegenden Zierblenden und Portalen. In die Räume der Bibliothek fügen sich harmonisch die Sandsteinkanzel (1577) von Georg Schroeter aus Torgau und andere sakrale Kunstwerke ein.

Die Haupt- und Pfarrkirche *St. Nikolai* entstand als Hallenkirche aus Backstein in der zweiten Hälfte des 14. Jahrhunderts. Bereits seit 1420 wurden zusammen mit dem westlichen Joch die Türme aus Feldsteinen erbaut. Sehenswert sind hier vor allem die Schnitzfiguren und Reliefs des ehemaligen Hochaltars (1430) und der Malaltar aus der Cranach-Werkstatt.

Die *Liebfrauenkirche* in der alten Dammvorstadt ist im Ursprung eine romanische Backsteinbasilika mit gotischem Chor. Vor etwa 50 Jahren wurden spätgotische Wandmalereien freigelegt. Einst war der gotische *Abtshof* Herberge der Äbte des Klosters Zinna. Heute ist in seinen Gemäuern das *Heimatmuseum* von Jüterborg (Pleneberg 9) untergebracht.

Kienbaum ㉕ östlich von Erkner ist der Schauplatz von Gerhart Hauptmanns Tragikomödie «Der rote Hahn» (1901). Neben der Kirche des um 1400 erstmals erwähnten Angerdorfs erinnert ein Denkmal an den Schriftsteller Gerhart Hauptmann (1862–1946).

Kromlau ㉖ südöstlich von Spremberg. Ein 125 Hektar großer Landschaftspark wurde 1842 von einem Gutsbesitzer nach dem Vorbild von Fürst Hermann von Pückler-Muskaus Landschaftsgarten im benachbarten Bad Muskau angelegt.

Der *Kromlauer Park* zeichnet sich durch mehrere tausend Rhododendron- und Azaleensträucher aus. Jedes Jahr findet während ihrer Blütezeit ein Parkfest statt.

Sehenswert sind überdies hier auch die *Rakotzbrücke*, ein einmaliges technisches Denkmal, und eine stattliche Zahl von Tulpenbäumen und seltenen Nadelgehölzen.

Lehnin ㉗ mit mehr als 3000 Einwohnern, von Wäldern und Seen umgeben, ist als Erholungsort und Ausflugsziel beliebt. Von dem 1180 gegründeten und bis 1542 bestehenden *Zisterzienserkloster* sind nur noch Reste erhalten. Das Kloster war die erste Niederlassung des Ordens im slawischen Land. Unter seiner Leitung wurde die urwüchsige Wald- und Sumpflandschaft der Zauche kultiviert. Die 1270 geweihte, reich ausgestattete *Klosterkirche* ist eines der historisch und baukünstlerisch bedeutendsten Denkmäler Brandenburgs. Im 18. Jahrhundert verfiel die Anlage. Von 1872 bis 1877 wurde die Kirche in ihrem Westteil neu aufgebaut bzw. gründlich restauriert. Regelmäßig finden in den Sommermonaten in den alten Anlagen Konzerte statt.

Luckau ㉘ zwischen Fläming, Niederlausitzer Landrücken und Spreewald ist teilweise noch von einer Stadtmauer und einem Stadtgraben umgeben. Gegründet wurde der Ort 1276 an einer Kreuzung wichtiger Handelsstraßen. Über die Geschichte des Orts gibt das *Heimatmuseum* (Lange Straße 71) Auskunft. Gewürdigt wird auch das Leben und Wirken des 1782 in Luckau geborenen Agrarwissenschaftlers Johann Gottlieb Koppe.

Die Pfarrkirche *St. Nikolai* wurde bereits fünf Jahre nach der Stadtgründung geweiht. Von dem ursprünglichen Bau blieben allerdings nur die Feldsteingeschosse der Türme erhalten, die Mitte des 14. Jahrhunderts mit Backsteinen aufgestockt wurden. 1375 stiftete Kaiser Karl IV. eine Reliquie für St. Nikolai und gab damit einen zusätzlichen Anstoß zum Umbau der Kirche. Dieser begann mit dem Chor und wurde im ersten Drittel des 15. Jahrhunderts

Die Kirche des Zisterzienser-Klosters Zinna bei Jüterbog, ein frühgotischer Bau aus Granitquadern, wurde im 16. Jahrhundert nach der Auflösung des Klosters zur Pfarrkirche des gleichnamigen Ortes.

Zur mittelalterlichen Stadtbefestigung von Jüterbog gehört das Dammtor, eine Anlage aus einem wuchtigen, zweigeschossigen Vortor (links) und dem älteren Rundturm (im Hintergrund rechts) des heute nicht mehr erhaltenen Haupttores.

Blick vom Turm der Pfarrkirche St. Nikolai über die Stadt Jüterbog und die Landschaft des Niederen Fläming.

mit der Einbringung des Netzgewölbes beendet. Der kostbare Reliquienschrein aus Kupferplatten mit eingravierten Heiligenfiguren und Emailschmelzeinlagen entstand Mitte des 13. Jahrhunderts im französischen Limoges. Aus der Werkstatt von Andreas Schultze aus Torgau stammt die reichgeschmückte Kanzel aus dem Jahr 1666. Ein weiteres Wahrzeichen der Stadt Luckau ist der achteckige *Hausmannsturm*. An ihn schließt sich die kleine *Georgenkapelle* aus dem 17. Jahrhundert an.

Lübben ㉙, Kleinstadt zwischen Ober- und Unterspreewald. Von hier nehmen Kahnfahrten durch die Fließlandschaft des Spreewalds ihren Ausgang. Der Pfarrer und bekannte Verfasser von Kirchenliedern, Paul Gerhardt, wirkte in Lübben bis zu seinem Tod 1676. Er wurde in der *Nikolaikirche* beigesetzt, die nun seinen Namen trägt. Die spätgotische Backsteinhalle entstand Ende des 15., Anfang des 16. Jahrhunderts. Der später gebaute Turm trägt seit kurzem wieder seine barocke Haube.

Wo einst die Burg aus dem 12. Jahrhundert sich erhob, prunkt nun im Ortszentrum ein *Renaissanceschloß*, dessen Fassade reich mit Giebeln und Voluten sowie einem eindrucksvollen Portal mit sächsischem Wappen geschmückt ist.

Lübbenau ㉚ am Südwestrand des Oberspreewalds mit seinem modernen Kahnfährhafen ist der meistbesuchte Ausgangspunkt für Kahnfahrten in den Spreewald. Die Stadt ist auch ein Zentrum der Gemüseverarbeitung (siehe auch Seite 112).

Genaueres über die Fließlandschaft erfährt man im *Spreewaldmuseum*, nicht weit vom Kahnfährhafen. Dort kann man auch eine beachtliche Sammlung von Gemälden, Graphiken, Porzellan und Gläsern des 17. bis 19. Jahrhunderts besichtigen. Ein kombinierter Pack- und Personenwagen sowie eine Lokomotive der einstigen «Spreewaldguste», einer Kleinbahn, die von 1899 bis 1970 zwischen Cottbus, Burg, Straupitz und Lübben durch die Spreewaldlandschaft schnaufte, stehen in einer eigens dafür errichteten Halle. Das *Freilandmuseum Lehde* im gleichnamigen Ortsteil ist am günstigsten mit einem Kahn zu erreichen. Das Museum informiert über die Arbeits- und Lebensweise niedersorbischer Bauern und Fischer im Spreewald vom 18. bis zum 20. Jahrhundert. Die drei kompletten Spreewaldgehöfte des Museums wurden aus anderen Orten hierher umgesetzt.

Möglin ㉛ bei Wriezen war Hauptwirkungsstätte von Albrecht Daniel Thaer (1752–1828). Der Begründer der Landwirtschaftswissenschaften in Deutschland ist in der mittelalterlichen Dorfkirche beigesetzt. Im ehemaligen Wohnhaus Thaers informiert eine *Gedenkausstellung* über sein Leben und Schaffen.

Müllrose ㉜ liegt romantisch am Müllroser See, unweit des Schlaubetals. Von dort aus empfehlen sich Wanderungen in die idyllische Umgebung, etwa das *Schlaubetal.* Hügelketten fast gebirgigen Charakters wechseln dort auf engstem Raum mit sanften Ebenen, Wiesen, wildromantischen Flach- und Hochmooren.

Das Leben der 1260 gegründeten Stadt ist eng mit dem an ihr vorbeiführenden Oder-Spree-Kanal verbunden. Genaueres darüber erfährt man im *Heimatmuseum* (Kietz 5).

Sehenswert sind die *Pfarrkirche* (1746) und ein *barockes Wohnhaus* mit Doppeldach (1772) in der Innenstadt von Müllrose.

Neuhardenberg ㉝ zwischen Wriezen und Seelow hieß ursprünglich Quilitz und wurde zu Ehren des Freiherrn Karl August von Hardenberg (1750–1822), ab 1810 preußischer Staatskanzler, umbenannt. 1763 hatte König Friedrich II. jenem Husarenrittmeister Joachim Bernhard von Prittwitz das Anwesen geschenkt, der ihn in der Schlacht bei Kauersdorf vor der Gefangennahme durch russische

Mögelin aus der Luft gesehen: Der kleine ländliche Ort mit seiner Dorfkirche liegt am Ufer der Havel südlich der Stadt Rathenow.

Truppen bewahrt hatte. Im gleichen Jahr entstand im Ort ein barockes *Schloß*, das zwischen 1820 und 1823 Karl Friedrich Schinkel im Auftrag des neuen Besitzers, des 1814 zum Fürsten erhobenen Hardenberg, im klassizistischen Stil umbaute.

Den *Landschaftspark* südlich des Schlosses Neuhardenberg gestaltete der Gartenarchitekt Peter Joseph Lenné. Eine Besichtigung wert sind das *Denkmal Friedrichs II.*, die von Schinkel entworfene klassizistische *Dorfkirche* und das *Mausoleum* Hardenbergs mit seinem Portikus aus dorischen Säulen.

Neuruppin ㉞, in landschaftlich reizvoller Lage am Ruppiner See (Südrand der Ruppiner Schweiz) gelegen, vermag die Besucher mit seinem weiträumigen frühklassizistischen Stadtkern und den schönen Bürgerhäusern zu überraschen.

Das *Heimatmuseum* (August-Bebel-Straße 14/15) wurde schon im Jahr 1865 gegründet und gehört damit zu den ältesten in Deutschland. Mehrere Räume sind den beiden großen Söhnen der Stadt gewidmet: Dem bedeutendsten Architekten des deutschen Klassizismus, Karl Friedrich Schinkel (1781–1841), und dem berühmten Romancier Theodor Fontane (1819–1898). Die 6000 *Neuruppiner Bilderbogen* des Museums stellen die reichste Spezialsammlung dieser Art dar. Zwischen 1810 und 1935 trugen die Bilderbogen den Namen Neuruppin in die ganze Welt.

Die *Dominikaner-Klosterkirche* aus der zweiten Hälfte des 13. Jahrhunderts wurde von 1836 bis 1841 nach Ideen Schinkels restauriert. Aus der ersten Hälfte des 14. Jahrhunderts blieb die Hospitalkapelle *St. Georg* erhalten, vom Ende des 15. Jahrhunderts die *Lazaruskapelle des alten Siechenhauses*.

Die Pfarrkirche *St. Marien* entstand zwischen 1801 und 1804 als Bau in klassizistischen Formen. Den sehenswerten *Tempelgarten* nordwestlich der Stadt schuf der berühmte Baumeister Georg Wenzeslaus von Knobelsdorff (1699–1753).

Neustadt ㉟ an der Dosse verdankt seit fast 200 Jahren Besucher von weit her einem toten Ritter. Bei der Renovierung der Kompehler Dorfkirche entdeckten Bauarbeiter 1794 einen mumifizierten Leichnam. Es handelt sich um Christian Friedrich von Kahlbutz, der 1702 in einem Gruftanbau des Gotteshauses beigesetzt wurde und mumifizierte. Interessant auch das ehemalige *Friedrich-Wilhelm-Gestüt* im Süden der Stadt.

Neuzelle ㊱, zwischen Guben und Frankfurt/Oder gelegen, ist seit 1268 Standort eines *Zisterzienserklosters*. Die Kirche ist, als repräsentatives Beispiel des schlesisch-böhmischen Barocks, das bedeutendste sakrale Bauwerk der Niederlausitz. Nach Schäden in den Hussitenkriegen und im Dreißigjährigen Krieg wurde sie restauriert. Beeindruckend sind die prächtigen Deckenmalereien des Italieners Johannes Vanetti mit alt- und neutestamentarischen Szenen sowie Decken- und Wandmalereien in den Schiffen und Vorhallen von süddeutschen, böhmischen und italienischen Meistern. Die Bebauung des Klosterbezirks aus dem 13. bis 15. Jahrhundert an der Nordseite der Kirche ist erhalten, wurde aber bis in die Gegenwart mehrfach verändert. Am Weg zum Kloster stehen die *Schiefe Kapelle* aus dem 16. Jahrhundert und die barocke *Christussäule*, südlich der Klosteranlage findet sich die barocke *Pfarrkirche*.

Niederfinow ㊲ ist wegen seines *Schiffshebewerks* bekannt. Schiffe mit einer Traglast bis zu 1200 Tonnen überwinden in nur fünf Minuten im Oder-Havel-Kanal einen Höhenunterschied von 36 Metern. Die Gesamtdurchfahrt dauert zwanzig Minuten. Rund 30 Schiffe werden täglich so befördert. Der Trog, in dem die Schiffe schwimmend gehoben und gesenkt werden, ist 85 Meter lang, zwölf Meter breit und zweieinhalb Meter tief. Er wiegt mit Wasserfüllung rund 4300 Tonnen. Erbaut wurde das beeindruckende technische Denkmal von 1927 bis 1934.

Neuruppin wurde nach einem Brand im Jahr 1787 von dem Baumeister Bernhard Matthias Brasch in frühklassizistischen Bauformen wiedererrichtet. Die schönen Fassaden der Bürgerhäuser aus dieser Zeit – beispielsweise hier im Bild links – bestimmen das Stadtbild.

Schloß Oranienburg: Luise Henriette, die erste Gemahlin des Großen Kurfürsten, war Tochter des Statthalters der Niederlande; zahlreiche Künstler aus ihrer Heimat waren für den brandenburgischen Hof tätig, und auch Schloß Oranienburg entstand ab 1651 im «niederländischen Stil».

Oderberg am Oder-Havel-Kanal. Der Schiffahrtsweg, der die beiden Gewässer miteinander verbindet, wurde in den Jahren zwischen 1906 und 1914 ausgebaut. Geschichtlich läßt sich die Entstehung eines Kanals bereits auf eine viel frühere Zeit zurückführen. Die «Riesa» (rechts) wird den Kanal wohl nicht mehr befahren. Sie liegt als Museumsschiff in Oderberg.

Oderberg ㊳ östlich von Eberswalde-Finow lohnt einen Besuch schon wegen seines *Binnenschiffahrts- und fischereikundlichen Museums*. Vorgeführt werden im Museum die jahrhundertealten Traditionen der Schiffer und Fischer der Spree, Oder, Havel und der sie verbindenden Kanäle (*siehe auch Seite 44*).

Die neugotische *Pfarrkirche* der Kleinstadt entstand zwischen 1853 und 1855. Wesentlich älter, nämlich aus der zweiten Hälfte des 13. Jahrhundert, ist die *Dorfkirche im Ortsteil Neuendorf*. Ihre Renaissanceausstattung umfaßt Empore, Patronatsgestühl und einen prächtigen Altaraufsatz.

Oranienburg ㊴, eine Industriestadt nordwestlich von Berlin, liegt an der Havel und am Oder-Havel-Kanal. Die Ansiedlung wurde 1217 erstmals urkundlich als Bützow erwähnt und erhielt noch im gleichen Jahrhundert das Stadtrecht. Die Umbenennung der Stadt in Oranienburg geht auf die Prinzessin Luise Henriette von Oranien, die Gemahlin des Großen Kurfürsten Friedrich Wilhelm, zurück. Sie ließ Mitte des 17. Jahrhunderts das *Schloß* westlich des Stadtzentrums anstelle eines verfallenen Jagdschlosses errichten.

In dem 1657 erbauten ehemaligen *Amtshauptmannshaus* (Breite Straße 1) kann man sich über die Stadtgeschichte, insbesondere den 1867 in Oranienburg verstorbenen Friedlieb Ferdinand Runge (1795–1867), kundig machen. Von 1832 bis 1848 Technischer Leiter der Chemischen Werke Oranienburg, isolierte er als erster Phenol und Anilin, entdeckte das Koffein und Atropin.

Perleberg ㊵ in der waldreichen Westprignitz wartet mit einem ehrwürdigen alten *Rathaus* aus dem 14. Jahrhundert auf. Im *Heimatmuseum* von Perleberg (Mönchort 7–10) ist Wissenswertes über das 3000 Jahre alte *Königsgrab von Seddin* zu erfahren. 1899 wurde dieses größte bronzezeitliche Grab Nordeuropas entdeckt.

In der im Jahr 1361 fertiggestellten, gotischen Stadtkirche *St. Jacob* fällt besonders der große, aus dem Jahr 1475 stammende und in Messing gegossene, fünfarmige Standleuchter ins Auge.

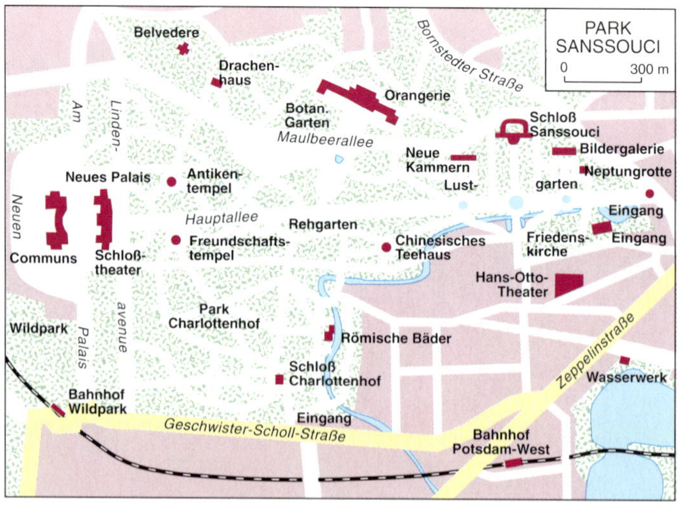

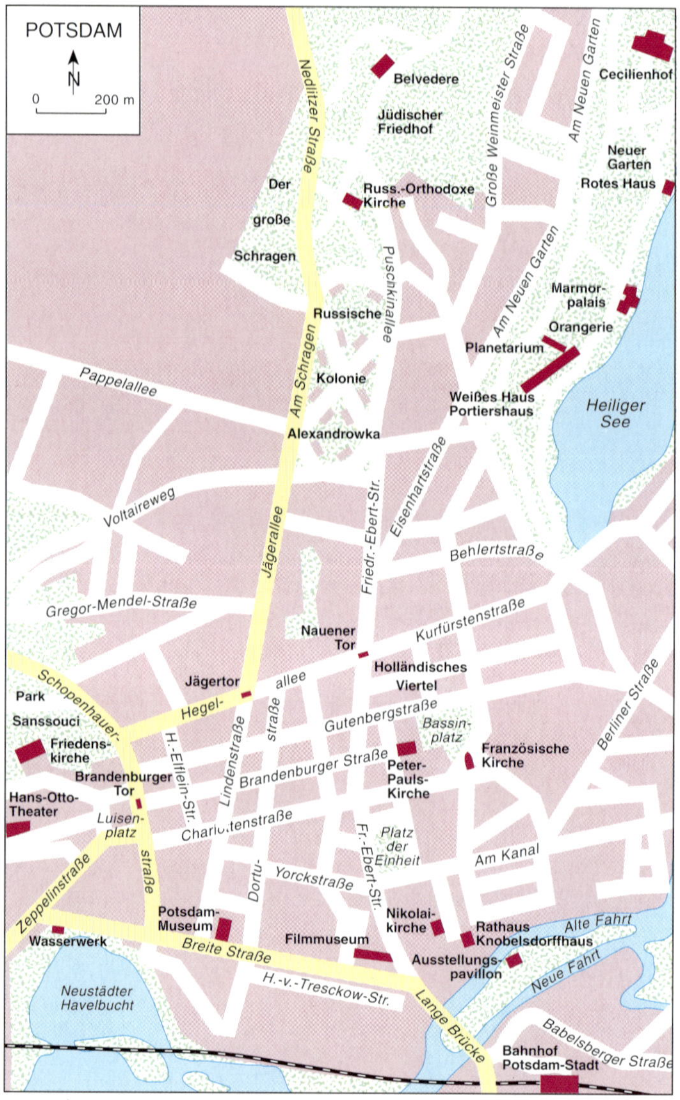

1933 richteten die Nationalsozialisten in Oranienburg das erste Konzentrationslager ein. Von 1945 bis 1948 wechselten Belegung und Wachpersonal: Den Sowjets diente das KZ als Internierungslager. Seit 1961 ist es «Nationale Mahn- und Gedenkstätte». Die Abbildung zeigt ein ehemaliges Aufseherbüro.

Potsdam ㊶, die Stadt der Kunst, des Tourismus, des Wassersports und der Industrie, liegt an der schiffbaren Havel, die sich an dieser Stelle seenartig verbreitert. Nachdem Friedrich II. (1712–1786) und seine Nachfolger in dieser Stadt residierten und Potsdam von 1945 bis 1952 schon einmal Landeshauptstadt war, ist es seit Herbst 1990 wieder Sitz einer Landesregierung.

Im Stadtbild spiegelt sich der Charakter einer Residenzstadt des 18. Jahrhunderts deutlich wider. Am Südhang des Bornstedter Hügelzugs, westlich von Potsdam, liegt das *Schloß Sanssouci*. Der *Park Sanssouci* wurde mit dem Bau des Neuen Palais umfassend erweitert. Bezieht man die Anlage um Charlottenhof ein, umfaßt er über 290 Hektar. Das imposante *Neue Palais* entstand seit 1763 und sollte vor Augen führen, wie finanzstark Preußen nach drei Kriegen immer noch war. Das *Orangerieschloß*, ein Neorenaissancebau, wurde zwischen 1851 und 1860 nach italienischen Vorbildern zur Kultivierung tropischer Gewächse gebaut.

Charlottenhof ist ein schlichtes Schloß im Villenstil, das auf den Mauern des einstigen Gutshofs errichtet wurde. In dem offenen Landschaftsgarten, der sich um den klassizistischen Bau erstreckt, befinden sich die sogenannten *Römischen Bäder*.

Das 74 Hektar große Gelände des *Neuen Gartens*, am Heiliger See gelegen, umschließt unter anderem *Schloß Cecilienhof*, *Marmorpalais* und *Gärtnerhäuser* im holländischen Stil. Das neugotische, in Form einer Burg errichtete *Schloß Babelsberg* im Stadtteil Potsdam-

Schloß Sanssouci bei Potsdam: Eine ausladende Freitreppe, rechts und links von Weinbergen flankiert, führt hinauf zum Schloß.

Links: Im Drachenhaus von Park Sanssouci, 1770 als Winzerhäuschen im Stil einer asiatischen Pagode erbaut, befindet sich heute ein Café.

Rechts: Eines der seltenen Beispiele für expressionistische Architektur ist der 1920 bis 1924 von Erich Mendelsohn erbaute Einsteinturm auf dem Telegraphenberg bei Potsdam.

Die Friedenskirche im Park Sanssouci wurde zwischen 1845 und 1848 erbaut. Architektonisches Vorbild waren zwei frühchristliche Kirchen in Rom. Neben der Friedenskirche befindet sich das Mausoleum für Kaiser Friedrich III. (rechts).

Am westlichen Ende der Hauptallee von Sanssouci: Das Neue Palais, 1763 bis 1769 im klassizistischen Stil erbaut. Friedrich der Große nannte den Bau eine «Fanfaronade», eine Prahlerei.

Am Ostufer des Heiligen Sees in Potsdam ließen sich Ende des 19. Jahrhunderts wohlhabende Bürger ihre Villen errichten.

Seite 150: Potsdam und Umgebung: Holzhaus aus dem 19. Jahrhundert in der russischen Siedlung Alexandrowka (oben links). – Das Chinesische Teehaus im Rehgarten von Sanssouci (oben rechts). – Schloß Babelsberg, zwischen 1833 und 1849 im neugotischen Stil erbaut (Mitte links). – Pfarrhaus der Alexander Newski-Kirche (Mitte rechts). – In den «Römischen Bädern» in Sanssouci (unten links). – Der Jüdische Friedhof in Potsdam (unten rechts).

Seite 151: Blick über die Stadt Potsdam. Im Vordergrund die 1842 fertiggestellte «Maurische Moschee», ein Bau, der das Pumpwerk für die Fontänen von Sanssouci in seinem Inneren verbergen sollte. Das «Minarett» diente als Schornstein des Pumpwerks.

Der Marktplatz der ländlichen Kleinstadt Wittstock in der Ostprignitz (siehe auch Seite 24 und 32). Das Wittstocker Rathaus (Bildmitte) wurde um 1400 in Backstein erbaut und später durch Um- und Anbauten mehrmals verändert.

Babelsberg, am Südostufer des Tiefen Sees, liegt inmitten eines von Fürst Hermann von Pückler-Muskau entworfenen Parks. Heute ist im Schloß das Museum für Ur- und Frühgeschichte untergebracht. In dem 1770 erbauten ehemaligen «Landschaftshaus der Zauche und des Havellandes» (Wilhelm-Külz-Straße 13) ist die ständige Ausstellung *«Potsdam von den Anfängen bis 1990»* zu besichtigen. Vorwiegend Werke italienischer und flämischer Meister sind in der *Bildergalerie* im Park Sanssouci zu sehen. Die Hauptpfarrkirche Potsdams ist die *Nikolaikirche*, die nach Kriegsschäden originalgetreu rekonstruiert wurde. Zu den bedeutenden sakralen Bauwerken zählen auch die *Französische Kirche* am Bassinplatz, die *Friedenskirche* im Park von Sanssouci, die *Kapelle des heiligen Alexander Newski* sowie die *Friedenskirche* auf dem Weberplatz in Potsdam-Babelsberg. Die *Hof- und Garnisonkirche* «Zum Heiligen Kreuz», die Grabkirche der Könige Friedrich Wilhelm I. und seines Sohnes Friedrich II., wurde 1945 beschädigt und 1968 gesprengt.

Prenzlau ㊷ am Ausfluß der Uecker aus dem Unterueckersee ist das Zentrum der Uckermark. Die mittelalterliche Stadt wurde 1945 nahezu völlig vernichtet. Am Wiederaufbau der um 1300 entstandenen *Marienkirche* wird gearbeitet. Eine Ausstellung zu Baugeschichte und Restaurierung befindet sich in der Margarethen- und der Christophskapelle an ihrer Südseite. Die ehemalige *Dominikanerkirche*, eine Backsteinhalle des 13. und 14. Jahrhunderts, wurde 1958 wiederhergestellt. Sie beherbergt das Bronzetaufbecken (Anfang 15. Jahrhundert) und die erhalten gebliebenen Teile des großen Schnitzaltars (1512) aus der Marienkirche. Das Klostergebäude selbst wurde in ein *Kulturhistorisches Museum* umgewandelt.

Raben ㊸. Südlich über dem Flämingort auf dem «Steilen Hang» erhebt sich die *Burg Rabenstein*. 1251 erstmals erwähnt, war sie in ihrer 750jährigen Geschichte oft heiß umkämpft: 1394 nahmen Landsknechte des Erzbischofs sie ein, 1427/28 wurde sie von Hussiten belagert, im Dreißigjährigen Krieg von den Schweden erobert, und 1813 diente sie dem schwedischen König Bernadotte als Hauptquartier. Erhalten sind ihre Ringmauern, der 28 Meter hohe Bergfried und der Rittersaal aus Feldsteinen. Im Nord- und Westflügel ist eine Jugendherberge untergebracht.

Rheinsberg ㊹ kann sich rühmen, in der Literaturgeschichte gleich zweimal hervorgehoben worden zu sein. Einmal durch Theodor Fontane in seinen «Wanderungen durch die Mark Brandenburg» (1862 bis 1882), zum zweiten wählte Kurt Tucholsky die Stadt im Landkreis Neuruppin zum Schauplatz seines «Rheinsberg – ein Bilderbuch für Verliebte» (1912). Die *Kurt-Tucholsky-Ausstellung* (Lange Straße 30) informiert über Autor und Werk.

Rheinsberg hieß ursprünglich Rynburg und war zu Beginn des 13. Jahrhunderts eine Wasserburg an der Grenze zwischen dem damaligen Land Ruppin und Mecklenburg. Die erste urkundliche Erwähnung der Stadt bezieht sich auf das älteste erhalten gebliebene Bauwerk, die Pfarrkirche *St. Laurentius*. Ab 1740 wurde sie, wie auch die gesamte Stadt, nach einem Plan Georg Wenzeslaus von Knobelsdorffs neu aufgebaut. Doch die große Leistung des bedeutenden brandenburgischen Architekten im Ruppiner Höhenland war die Gestaltung des *Schlosses* und des *Parks*.

In der Rheinsberger Idylle machte sich Friedrich der Große (1740–1786) noch als Kronprinz die Philosophie der Aufklärung zu eigen. Von hier aus begann er den Briefwechsel mit Voltaire, hier musizierte er mit Gleichgesinnten. Auch heute finden im Spiegelsaal des Schlosses häufig Konzerte statt.

Templin ㊺, ein uckermärkisches Agrarstädtchen. Die *Wehrmauer* und die drei *Stadttore* sind vollständig erhalten. Im Prenzlauer Tor ist ein *Volkskundemuseum* untergebracht. Nahe dem Lychener Tor liegt die *Georgenkapelle* aus dem späten 14. Jahrhundert. In dem barocken Bau der Stadtkirche *St. Maria Magdalena* (1749) sind noch Teile der ursprünglichen spätgotischen Hallenkirche erkennbar.

Werder ㊻ südwestlich von Potsdam ist das Zentrum des havelländischen Obstanbaugebiets und ein beliebtes Ausflugsziel. Jedes Jahr besuchen Zehntausende von Berlinern das *Baumblütenfest.* Eine Besichtigung wert sind auch das *Obstbau-Museum* und das *Heimatmuseum.* Sonntags fährt eine Museumsgartenbahn zu dem 200 Jahre alten Barockhaus (*siehe auch Seite 70*).

Wiesenburg ㊼ bei Belzig. Ursprünglich befand sich auf dem Gelände des heutigen *Schlosses* und seinen weiträumigen Landschaftsparks eine Burg, die 1161 zum ersten Mal erwähnt wurde. Bei Kämpfen zwischen spanischen Söldnern Kaiser Karls V. und sächsischen Truppen brannten die Wehranlage und der Ort nieder. In der ersten Hälfte des 16. Jahrhunderts wurde auf den Burgruinen ein mehrflügeliges Renaissanceschloß errichtet.

Die gesamte Anlage des Schlosses wurde im vorigen Jahrhundert umgebaut; im Originalzustand des 16. Jahrhunderts erhalten sind das *Torhaus* und das *Männekentor* (niederländische Arbeit).

Im *Landschaftspark* südlich des Schlosses finden sich zahlreiche, seltene Baumarten aus Westeuropa, Amerika, Japan und China.

Wittstock ㊽ an der Dosse in der Ostprignitz ist ein Agrarstädtchen mit einer mittelalterlichen Stadtbefestigung. In die Geschichtsbücher kam es durch den Sieg der Schweden über ein sächsisch-kaiserliches Heer. Mit diesem Sieg sicherte sich Schweden auf Jahrzehnte seine Vorherrschaft in Norddeutschland. Wer mehr über die Territorialgeschichte erfahren möchte, sollte das *Heimatmuseum* (Amtshof 5) im Torturm der ehemaligen Bischofsburg besuchen, wo auch eine funktionstüchtige Einzeiger-Turmuhr aus dem 17. Jahrhundert ausgestellt ist.

Wittstock verfügt über eine in ihrer Struktur noch recht unversehrte mittelalterliche *Altstadt*; viele historische Bürgerhäuser wurden instandgesetzt. Zwischen architektonisch markanten Bauten wie den Resten der im 13. Jahrhundert angelegten *Burg* der Bischöfe von Havelberg, der Pfarrkirche *St. Marien* und dem *Gröper Torturm* macht sich jene behäbige Geborgenheit breit, die für die märkischen Kleinstädte so typisch ist.

Die Geschichte der Kirche *St. Marien* reicht in die zweite Hälfte des 13. Jahrhunderts zurück. Der Chor mit dem Blendgiebel wurde nach 1451 neu erbaut. Die zweigeschossigen Kapellenanbauten stammen aus dem letzten Viertel des 15. Jahrhunderts; die barocke Turmhaube wurde 1704 aufgesetzt. Der spätgotische Hochaltar besteht aus zwei Flügelaltären. Der untere stammt von 1530 und wurde in der Lübecker Werkstatt des Bildhauers Claus Berg hergestellt. Der obere entstand zwischen 1510 und 1520.

Zechlinerhütte ㊾ im Kreis Neuruppin ist wegen der *Gedenkstätte* (Rheinsberger Straße 27) bekannt, in der das Wirken der Brüder Alfred und Kurt Wegener gewürdigt wird. Die wissenschaftliche Arbeit der beiden Geophysiker, Meteorologen und Polarforscher ist weltweit anerkannt. Alfred Wegener kam 1930 während einer Grönlandexpedition ums Leben.

Kloster Zinna ㊿ mit seinem *Zisterzienserkloster* liegt nahe bei Jüterbog, dessen Geschichte eng mit der des Klosters verknüpft ist. Die Kirche, eine spätromanische Pfeilerbasilika aus regelmäßig behauenen Feldsteinen, wurde im 13. Jahrhundert errichtet. Das Äußere blieb schmucklos. Der Innenraum wurde bei der Wiederherstellung ausgemalt. Auf das frühe 15. Jahrhundert gehen die Engelsfiguren an der Sakramentsnische zurück. Anfang des 16. Jahrhunderts entstand die Glasmalerei in der Hauptapsis. Östlich der Kirche steht das *Siechen- oder Gästehaus* mit einem blendengegliederten Südgiebel aus dem 15. Jahrhundert, daneben das reicher gestaltete Giebelgebäude der *Neuen Abtei* mit einer prächtigen Schaugiebelfassade aus der Mitte des 15. Jahrhunderts. Das *Museum* gibt detailliert Auskunft über die Geschichte des Klosters.

Persönlichkeiten Brandenburgs

Bettina von Arnim (1785–1859) war die Schwester Clemens Brentanos und seit 1811 verheiratet mit Achim von Arnim. Wie die beiden Dichter gehörte sie zu den Kreisen der Frühromantiker. Doch nahm die streitbare Schriftstellerin regen Anteil am gesellschaftlichen Geschehen ihrer Zeit und engagierte sich vehement in politischen, sozialen und frauenrechtlichen Fragen. 1843 erschien ihr Band «Dies Buch gehört dem König», kurze Zeit später die Flugschrift «An die aufgelöste preußische Nationalversammlung».

Geboren wurde Bettina Brentano 1785 in Frankfurt am Main. Durch ihre Heirat kam sie nach Wiepersdorf bei Jüterbog, lebte dort auf dem Schloß und in Berlin. Bettina von Arnim verkehrte im berühmten Berliner Salon der Rahel Varnhagen und lernte dort unter anderen Fürst Hermann von Pückler-Muskau, Karl Friedrich Schinkel, Heinrich von Kleist, Ludwig Börne, Heinrich Heine und die Brüder Humboldt kennen.

Obwohl eine schwärmerische Verfasserin von Briefen – die Briefsammlungen dichtete sie später eigenwillig um –, mußte sie in ihrem Leben sehr konkrete Aufgaben meistern. Sie hatte sieben Kinder aufzuziehen und die Haushalte in Jüterbog und Berlin zu führen. Erst nach dem Tod ihres Mannes, 1831, konnte sie sich dem Schreiben widmen. Werke von ihr sind «Goethes Briefwechsel mit einem Kinde» (1835), «Die Günderode» (1840) und «Clemens Brentanos Frühlingskranz» (1844).

Fürst Hermann von Pückler-Muskau (1785–1871) machte sich als Reiseschriftsteller, mehr aber noch als Schöpfer von Parkanlagen einen Namen. Auf ausgedehnten Reisen durch England hatte er die dortige Garten- und Parkkultur studiert. Seine Erfahrungen und Kenntnisse legte er 1834 in dem Werk «Andeutungen über Landschaftsgärtnerei» nieder.

Was er als «Insider» der Oberschicht in England, Wales und Irland in gesellschaftlicher und politischer Hinsicht interessant fand, schilderte er in den vier Bänden seiner «Briefe eines Verstorbenen» (1830–1832). Sie waren ebensolche Besteller wie seine späteren Reisebeschreibungen aus Nordafrika und Vorderasien.

Doch wahrhaft weltberühmt wurden seine Parks. Zwischen 1811 und 1845 entstand die Anlage in Bad Muskau. Zu besichtigen sind heute der 74 Hektar große Schloßpark und der 126 Hektar umfassende Berg- und Badepark. 326 Hektar des einstigen Parks befinden sich jenseits der Neiße auf polnischer Seite. Zuletzt schuf Pückler den Park in Branitz, wo er auch in einer der beiden Pyramiden, der Seepyramide, seine letzte Ruhestätte gefunden hat.

Peter Joseph Lenné (1789–1866), mit dem Pückler befreundet war, hatte den Landschaftsgarten in Babelsberg begonnen, war dabei jedoch weniger erfolgreich gewesen. Der Sohn eines kurkölnischen Hofgärtners arbeitete nach einer Gärtnerlehre mehrere Jahre in Paris, München und Wien. Er studierte am Pariser Jardin des Plantes bei Gabriel Thouin. Auf dessen Einfluß geht Lennés Kunst einer raumordnenden Wegführung zurück. Wichtige Anregungen erhielt Peter Joseph Lenné auch vom Gartengestalter Friedrich Ludwig von Sckell in München, so die großzügige Raumbildung und sanfte Geländemodellierung, den perspektivischen Zeichenstil und das exakte räumliche Vorstellungsbild.

Bald nach seiner Berufung als Generaldirektor der königlich-preußischen Gärten nach Potsdam begann Lenné mit der Umgestaltung des Parks Sanssouci. Er verband die stilistisch nicht einheitlichen Teile, um eine Gesamtwirkung zu erzielen. Rund um Schloß Charlottenhof – 1824 bis 1827 von Karl Friedrich Schinkel

Persönlichkeiten aus Brandenburgs Kulturgeschichte: Der Dichter Achim von Arnim (1781 bis 1831), in Wiepersdorf bei Jüterbog geboren (oben links), und seine Frau (oben Mitte), die Schriftstellerin Bettina von Arnim (1785–1859). – Zwei bekannte Neuruppiner: Oben rechts der Architekt und Maler Karl Friedrich Schinkel (1781–1841), unten links der Schriftsteller Theodor Fontane (1819–1898). – Das Werk des Dichters Heinrich von Kleist (1777–1811) war eng mit der Geschichte Brandenburg-Preußens verbunden (unten Mitte). – Peter von Lenné (1789–1866) schuf als Gartenarchitekt im heutigen Brandenburg seine schönsten Parkanlagen (unten rechts).

erbaut – entfaltete Lenné sein ganzes Können: Architektonisch akzentuierte Gärten, Separatgärten, landschaftlich gestaltete Partien, in denen Wiesen und Gehölz geordnet wurden, und Wasserflächen fügen sich zu einem stimmungsvollen Ensemble zusammen. Lennés Separatgärten, die ohne Architektur nicht vorstellbar sind, haben viel seinem Parisaufenthalt und der Wiederentdeckung des italienischen Renaissancegartens zu verdanken. Hervorragende Beispiele seiner Kunst sind in Sanssouci etwa der Paradiesgarten, der Nordische Garten und der Sizilianische Garten.

Neben den Parks in und um Potsdam und Berlin schuf Lenné zahlreiche Gartenanlagen um Gutsschlösser in Brandenburg sowie Volksparks in Dresden, Frankfurt an der Oder, Koblenz, Leipzig und Magdeburg.

Karl Friedrich Schinkel (1781–1841) wurde in Neuruppin geboren. Zahlreiche Bauten dieser Stadt wurden unter seinem Einfluß im klassizistischen Stil umgestaltet oder neugebaut, wie überhaupt seine «Handschrift» in vielen Orten Brandenburgs zu finden ist. So zum Beispiel in Schloß und Kirche Neuhardenberg, in den Kirchen von Straupitz und Letschin und im 1945 schwer zerstörten und später abgetragenen Schloß in Buckow.

Schinkel gilt als *der* «Baumeister» des deutschen Klassizismus. Seine wichtigsten architektonischen Werke sind in Potsdam die Nikolaikirche, die Schlösser Charlottenhof und Babelsberg, in Berlin die Neue Wache, das Schauspielhaus und das Alte Museum. Zu seinen nicht ausgeführten, utopischen Entwürfen gehört der für ein Königsschloß auf der Akropolis. Auch als Maler und Bühnenbildner erlangte Schinkel Bedeutung.

Theodor Fontane (1819–1898) ist die zweite große Persönlichkeit, die Neuruppin hervorgebracht hat. 38 Jahre nach Schinkel wird er in der Kleinstadt der Grafschaft Ruppin geboren. Wie sein Vater ist der Hugenottensprößling zunächst als Apotheker tätig. Es sind wohl nicht wenige, die glauben, daß sich mit dem dreißigsten Geburtstag in ihrem Leben noch einmal alles ändern muß. Und dann bleibt bei den meisten doch alles, wie es war. Fontane aber gibt 1849 seinen Beruf auf. Zuvor hat er in radikaldemokratischen Zeitungen engagierte Artikel und Gedichte verfaßt. Die 1848er-Revolutionäre fordern Beseitigung der Fürstenprivilege, Aufhebung der Kleinstaaterei, ein Vaterland für die Deutschen.

Fontane versucht sich als freier Schriftsteller. Der Erfolg bleibt aus, zunächst. Er wird Journalist. Für Zeitungen berichtet er aus England und Schottland, aber auch aus Frankreich und Italien.

Einer breiten Öffentlichkeit wurde er vor allem durch seine «Wanderungen durch die Mark Brandenburg» bekannt. Nahezu zwanzig Jahre war er auf dem Gebiet des heutigen Landes Brandenburg unterwegs, um Eindrücke, Historisches und zahlreiche Geschichten zu sammeln. Die «Wanderungen» erschienen zwischen 1862 und 1882. Im Plauderton erfährt man in ihnen Wissenswertes über die Menschen und Orte im Havelland, im Oderbruch, in der Grafschaft Ruppin, im Spreewald oder im Fläming. Schriftsteller und Journalisten, schreiben sie über das Brandenburger Land, schmückten gern ihre Arbeiten mit Zitaten aus seinem Werk.

Doch den Gipfel seines Schaffens erreichte Fontane, als er fast sechzig war. Von da an bis zu seinem Tod am 20. September 1898 entstanden nahezu zwanzig Romane und Erzählungen, darunter «Effi Briest» (1895) und «Der Stechlin» (1898).

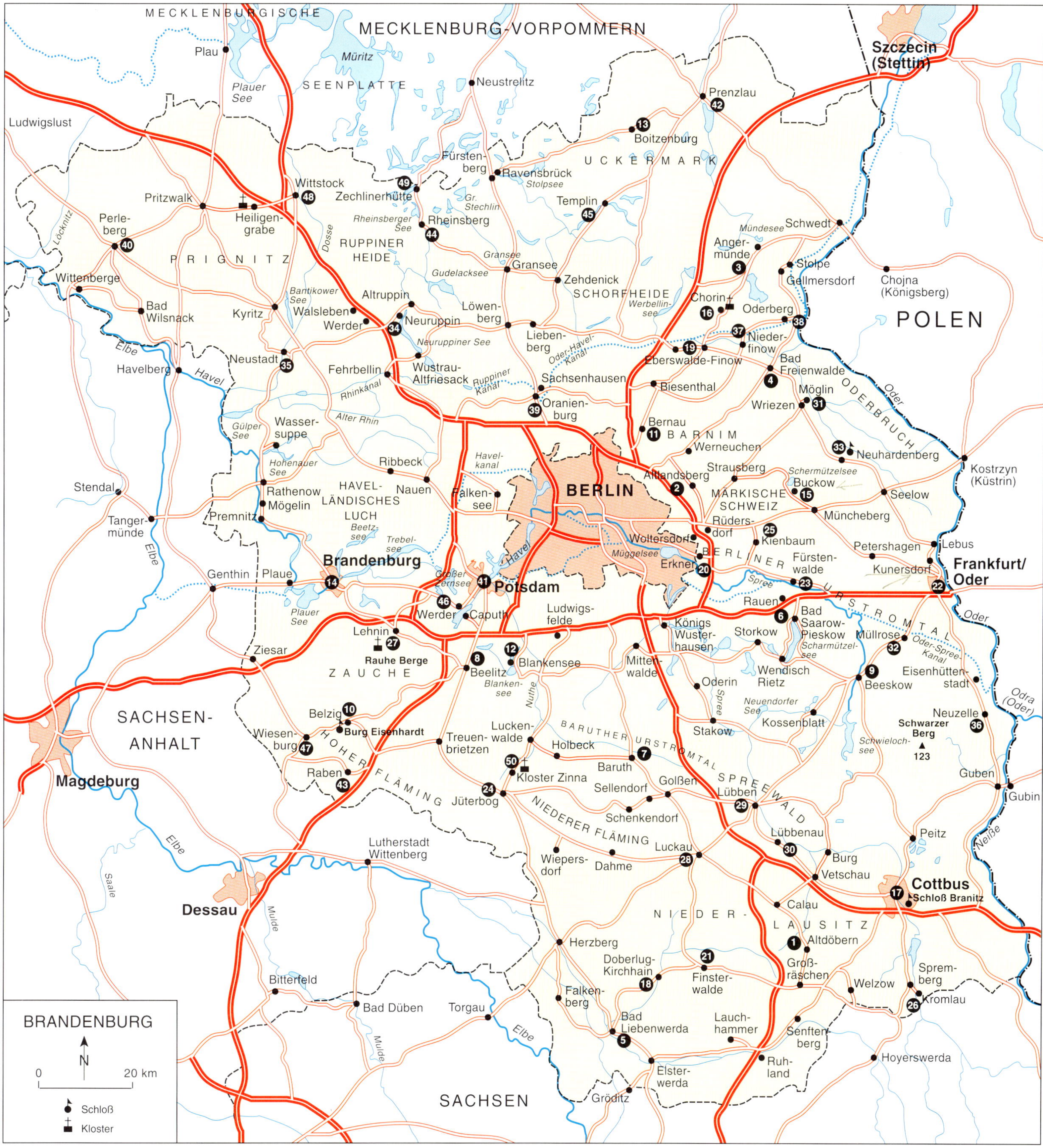

Die Sorben

Gegen Ende des 6. Jahrhunderts kamen slawische Stammesverbände, darunter die Sorben, über die Oder und siedelten hauptsächlich östlich der Elbe und Saale. Die Sorben (auch Wenden genannt) setzten sich aus vielen Einzelstämmen zusammen. Inzwischen leben (nach ihrer eigenen Schätzung) nur noch 60 000 Sorben in der Ober- und Niederlausitz. Zweisprachige Straßenschilder kennzeichnen ihr Siedlungsgebiet. Als großen Nachteil empfinden es viele Sorben, daß ein Teil von ihnen in Sachsen, ein anderer Teil in Brandenburg wohnt. Die Sorben haben einen eigenen Verlag, den Domowina-Verlag in Bautzen, der Bücher in ihrer Muttersprache publiziert. In Bautzen spielt auch ein sorbisches Theater; dort und in Cottbus steht dieser respektierten Minderheit je ein Gymnasium zur Verfügung. Lebendig sind noch viele sorbische Bräuche wie Osterreiten, Vogelhochzeit und Hahnrupfen.

Register

(Kursive Ziffern verweisen auf Abbildungen.)

Personenregister

Orts- und Sachregister

Text- und Bildnachweis

Textnachweis

Von dem Autor und Potsdam-Kenner Klaus Arlt stammen folgende Texte: «Havelfischerei in Potsdam» (S. 44), «Des Dienstes ewig gleichgestellte Uhr» (S. 60) und «Frühling in Werder» (S. 70). Der Kunstwissenschaftler Paul D. Bartsch schrieb den Text «Die Flötentöne von Sanssouci» (S. 55), Reinhard Ulbrich, als Übersetzer und Publizist tätig, den Text «Klappe für Havelwood» (S. 84), Jochen Kuke, Kunstwissenschaftler und Autor, den Text «Gurken, Hecht und Hefeplinsen» (S. 112).

Günter de Bruyn, aus: MERIAN-Extra DDR © Hoffmann und Campe Verlag, Hamburg (aktualisierter Nachdruck des Beitrags «Die Provinz ist voll von Geheimnissen»): S. 9.

Giacomo Casanova: Die Erinnerungen des Giacomo Casanova. Übertragen von Heinrich Conrad. München und Leipzig, Georg Müller 1911 (© by Langen Müller Verlag in der F. A. Herbig Verlagsbuchhandlung GmbH, München): S. 100.

Theodor Fontane: Die Märker und die Berliner und wie sich das Berlinertum entwickelte. Erstveröffentlichung: Deutsches Wochenblatt 1889, in: ders.: Sämtliche Werke Band XIX. München 1969: S. 122.

ders.: Wanderungen durch die Mark Brandenburg. Stuttgart und Berlin. J. G. Cotta 1903: S. 121.

Theodor Heuss: Von Ort zu Ort. Wanderungen mit Stift und Feder. Stuttgart, Deutsche Verlags-Anstalt 1986: S. 124.

Heinrich von Kleist: Sämtliche Werke und Briefe. München, Carl Hanser Verlag 1952: S. 119.

Der König. Friedrich der Große in seinen Briefen und Erlassen ... Ebenhausen bei München, Wilhelm Langewiesche-Brandt 1913: S. 100.

Rochow, Gustav Adolf Rochus von, zitiert nach: Historisches Lesebuch. Hrsg. Werner Pöls. Frankfurt am Main 1960: S. 120.

Kurt Tucholsky: Rheinsberg. Ein Bilderbuch für Verliebte, in: ders.: Gesammelte Werke © by Rowohlt Verlag GmbH, Reinbek: S. 123.

Bildnachweis

Archiv für Kunst und Geschichte, Berlin: S. 43, 55 o., 71 u., 84 o., 85 u.l. und u.r., 102 o., 105 o., 154 o.M. und o.r., u.l. und u.M.

Bildarchiv Verlag C.J. Bucher, München: S. 112 u.

Bildarchiv Preußischer Kulturbesitz, Berlin: S. 38, 39, 40/41 (5), 55 u., 58, 59, 61 o., 62, 63, 85 o., 86, 87, 88 o., 106, 107, 154 o.l. und u.r.

Fotoatelier Goethe, Cottbus: S. 88 u., 89 o.l. und o.r.

© Harald Großstück, Cottbus: S. 112/113 o.

Interfoto Pressebild, München: S. 84 u.

© Axel Schenck, München: S. 60.

© Spreewalder Konservenfabrik – Boblitz, Lübbenau: S. 113 u.l.

Ullstein Bilderdienst, Berlin: S. 42, 70, 71 o. und M., 102 u., 103 (2), 104 o., u.l. und u.r., 105 u., 112 o.

Alle übrigen Abbildungen stammen von Hauke Dressler, Bremen.

Die Karte auf der Seite 155 und die Stadtpläne auf den Seiten 137, 138 und 146 zeichnete Astrid Fischer-Leitl, München.

Vor- und Hintersatz: Märkische Schweiz (östlich von Buckow).

Wir danken allen Rechteinhabern und Verlagen für die Erlaubnis zu Nachdruck und Abbildung. Trotz intensiver Bemühungen war es nicht immer möglich, alle Rechteinhaber zu ermitteln. Wir bitten diese, sich an den Verlag zu wenden.

Alle Angaben dieses Bandes wurden von den Autoren sorgfältig recherchiert und vom Verlag auf Stimmigkeit und Aktualität geprüft. Allerdings kann keine Haftung für die Richtigkeit der Informationen übernommen werden. Für Hinweise und Anregungen sind wir jederzeit dankbar. Zuschriften bitte an Verlag C.J. Bucher, Lektorat, Goethestraße 43, 80336 München.

Impressum

Konzeption: Axel Schenck
Lektorat: Bettina Eschenhagen, Antje Eszerski
Graphische Gestaltung: Peter Schmid, Michael Voß
Herstellung: Angelika Kerscher

Druck und Bindung: Eberl, Immenstadt

Aktualisierte und erweiterte Nachauflage

Printed and bound in Germany
ISBN 3 7658 0937 3